古泉千樫のうた百首鑑賞

加茂信昭

現代短歌社選書

古泉千樫のうた百首鑑賞

目次

おとうとのまはらぬ筆に背戸の柿赤らみたりと書きて於古せぬ　10

早少女は今日植ゑそめと足引の山田の神にみき奉る　12

みんなみの嶺岡山《みねをかやま》の焼くる火のこよひも赤く見えにけるかも　14

朝な朝な牛を牽《ひ》き飼《か》ふみちのべの小草《をぐさ》の露《つゆ》の寒きこのごろ　16

山行くとくぬぎの若葉萩若葉扱《こ》きつつもとな人わすらえず　18

ふるさとに帰れるその夜わが庭の椎《しひ》の若葉に月おし照れり　20

皐月空《さつきぞら》あかるき国にありかねて吾《あれ》はも去《い》なめ君のかなしも　22

甕ふかく汲みたる水の垢にごりさびしき恋もわれはするかも　24

あからひく日にむきたてる向日葵《ひまはり》の悲しかりとも立ちてを行かな　26

ひとり身の心そぞろに思ひ立ちこの夜梅煮るさ夜更けにつつ　28

帰りきて坂に我が見るわが家はまだ灯もささず日は暮れたるに　30

吾からと別れを強《し》ひし心もてなにに寝らえぬ夜半のこほろぎ　32

ねむの花匂ふ川びの夕あかり足《あ》音《おと》つつましくあゆみ来らしも　34
春の夜のあらしは止みぬ水の上の鳥居の雫落ちてひびくも　36
石ひくくならべる墓に冬日てりひとつひとつ親しくおもほゆ　38
むらさきの夕かげふかき富士が嶺の直山膚《ひたやまはだ》をわがのぼり居り　40
あらしのあと木の葉の青の揉まれたるにほひかなしも空は晴れつつ　42
朝なればさやらさやらに君が帯むすぶひびきのかなしかりけり　44
ぬばたまの夜の海走る船の上に白きひつぎをいだきわが居り　46
しんかんとまひる明るき古家《ふるいへ》ぬち小さき柩は今おかれたり　48
牛の子のまだいとけなき短《みじ》か角《づの》ひそかに撫《な》でて寂しきものを　50
桃の花くれなゐ沈むしかすがにをとめのごとき女《をみな》なりけり　52
飛ぶ蜂のつばさきらめく朝の庭たまゆら妻のはればれしけれ　54
川口にせまりかがやくあぶら波音をひそむる昼のさびしさ　56
蠟の火の焰《ほのほ》ゆらげば陰のありしみじみとしてひとり寝をする　58
わりびきの朝の電車にのるところしかすがに光る夏帽子かな　60
雑然《ざつぜん》と鷺は群れつつおのがじしあなやるせなきすがたなりけり　62
秋の稲田はじめて吾が児に見せにつつ吾れの眼《まなこ》に涙たまるも　64

下総の節《たかし》は悲し三十まり七つを生きて妻まかず逝きし　66
訓練のあとすさまじき雪の野に雨降りそそぐ宵ふけにつつ　68
ゆく船のめてに生《あ》れたる島一つくれなゐにじみ桃咲けり見ゆ　70
炎天のひかり明るき街路樹を馬かじりをり人はあらなく　72
さびしくも夕照る池の水かげに生きゐる魚のむれ喘《あへ》ぐ見ゆ　74
この国の冬日あたたかし然れどもかの山かげはすでにかげれり　76
わが児よ父がうまれしこの国の海のひかりをしまし立ち見よ　78
群れゐつつ鵯《ひよどり》なけりほろほろとせんだんの実のこぼれけるかも　80
古里のここに眠れる吾子《あこ》が墓にその子の姉といままうでたり　82
大きなる藁ぶき屋根にふる雨のしづくの音《おと》のよろしかりけり　84
風吹きて海かがやけりふるさとに七夜《ななよ》は寝《い》ねて今日去らむとす　86
移るべき家をもとめてきさらぎの埃《ほこり》あみつつ妻とあゆめり　88
ゆく水のすべて過ぎぬと思ひつつあはれふたたび相見つるかも　90
潜《かづ》きして今し出で来《き》し蜑《あま》をとめ顔をふきつつ焚火にあたる　92
乳牛《ちちうし》の体《たい》のとがりのおのづからいつくしくしてあはれなりけり　94
茱萸《ぐみ》の葉の白くひかれる渚《なぎさ》みち牛ひとつゐて海に向き立つ　96

夕ぐれの浅川《あさがは》わたる牛の足音《あおと》さびしみにつつ鼻綱をひく　98
ま夏日の潮入川《しほいりがは》の橋のかげ大き牛立てり水につかりて　100
かぎろひの夕日背にしてあゆみくる牛の眼《まなこ》の暗く寂しも　102
貧しさに堪へつつおもふふるさとは柑類《かうるい》の花いまか咲くらむ　104
さわやかに朝かぜ吹きて港の家海に向きたる窓ひらく見ゆ　106
朝はやみかき金《がね》はづし蓋《ふた》とれば水にほやかに井にたたへゐる　108
日ざかりのちまたを帰るひもじけど勤めを終へてただちに帰る　110
な病みそまづしかりともわが妻子米の飯《めし》たべただにすこやかに　112
風ありて光りいみじき朝の海を枇杷つむ船のいま出でむとす　114
ふるさとに父をおくりて朝早み両国橋をあゆみてかへる　116
君が手につくりてくれし真鍮の火箸を持ちて火をいぢり居り　118
浪の音かすかにきこゆ床のうへに蠟の灯立《ほだち》を見つめて居れば　120
雪つめる九十九谷に夕日てり蒼鷹ひとつ出でにけるかも　122
しかすがにみどり輝くわが小庭妻とならびて今日見つるかも　124
乗りて来し船はしづかにぬれてをり夕の港に雨やまず降る　126
眺めゐる九十九谷にいくすぢの夕けのけむり立ちにけるかも　128

勤めして宿居《とのゐ》かなしもおのもおのもこれの布団《ふとん》をかうむりて寝る　130
かへり来てわが家の屋根見ゆらくに涙あふれてとどめかねつも　132
わくらばにわれら肉親《にくしん》あひ寄りて幾日《いくひ》は過ぎぬ父あらぬ家に　134
このいへを継ぐ弟のかへるまで保《たも》ちかあらむ古き茅《かや》屋根　136
青田《あをだ》のなかをたぎちながるる最上川齋藤茂吉この国に生《あ》れし　138
梅雨ばれの光りのなかを最上川濁りうづまき海にいづるかも　140
うちひびきかなしく徹《とほ》る雉《きじ》の声みな此面《このも》むきて鳴くにしあるらし　142
おのがじし己妻《おのづま》つれて朝雉《あさきじ》のきほひとよもす声のかなしさ　144
親馬も子馬も顔をあげにけり日光《ひかり》かげろふそのたまゆらを　146
やちまたの焦土《せうど》のほこりおぼほしく空をおほひて太陽は落つ　148
わが家《いへ》の古井《ふるゐ》のうへの大き椿かぐろにひかり梅雨はれにけり　150
素足にて井戸の底ひの水踏めり清水つめたく湧きてくるかも　152
山のうへに入日あかあかとかがやけりわが祖《おや》たちは健かにありし　154
うつし身のわが病みてより幾日《いくひ》へし牡丹の花の照りのゆたかさ　156
おり立ちてこの大《たい》ぜいのよろしもよ原の大田《おほだ》を今日植うるかも　158
朝早み鳥屋《とや》を出でたる鳥のむれ鵞鳥《がてう》はすぐに堀におりゆく　160

病める身を静かに持ちて亀井戸のみ墓のもとにひとり来にけり 162
ひたごころ静かになりていねて居りおろそかにせし命なりけり 164
おもてにて遊ぶ子供の声きけば夕かたまけてすずしかるらし 166
秋空は晴れわたりたりいささかも頭《かしら》もたげてわが見つるかも 168
秋さびしもののともしさひと本《もと》の野《の》稗《びえ》の垂《たり》穂《ほ》瓶《かめ》にさしたり 170
充《み》ちわたる空の青さを思ひつつかすかにわれはねむりけらしも 172
秋《あき》晴《ば》れの長《なが》狭《さ》のさくの遠《とほ》ひらけひむがしの海よく見ゆるなり 174
み冬つき春の来むかふ日の光かくて日に日に吾れは歩まむ 176
枯木みな芽ぐまんとする光かな柔らかにして息をすらしも 178
露の音たえまなくしてこの山のあかつき近くなりにけらしも 180
夕づく日赤くさしたる朴の木の広葉うごかし秋風吹くも 182
冬日かげふかくさしたる山のみ寺の畳の上に坐りけるかも 184
子どもらは焚火するらし朝霜の白き外面をわれは見なくに 186
忘れえぬあはれさならむここにしてかすかに塩を含む空気を 188
夜《よる》おそく蛙なきたつ小田のみち提灯の灯のわかれゆくなり 190
山行くはわが身にあしと思へどもこのふる里の山の上の道 192

見のかぎり芽ぶかむとする桑原の光どよもし風いでにけり 194
ゆくものは逝きてしづけしこの夕べ土用蜆の汁すひにけり 196
よそほひのなりて出で立つわが姪をよき嫁なりとわれは思ふも 198
ひむがしの長狭細野の伝右衛門《でんゑむ》の古き厩に牛も馬もなし 200
青山どほり歩き来しとてすがやかに汗ふく人を見るがともしさ 202
麻布台とほき木立のあたりにはつばさ光りて鳶の翔れる 204
みなぎらふ光のなかに土ふみてわが歩み来ればわが子らみな来つ 206
雹まじり苗代小田にふる雨のゆゆしくいたく郷土《くに》をし思ほゆ 208

古泉千樫略年譜 210
引用歌一覧 216
あとがき 244

「こころの華」明治三十五年一月号

おとうとのまはらぬ筆に背戸の柿赤らみたりと書きて於古せぬ

千樫十七歳の作。千樫は明治三十三年に郷里の千葉県安房郡吉尾村（現千葉県鴨川市吉尾）の吉尾村高等小学校を卒業後、直ちに母校の代用教員に採用されたが、翌年千葉町の教員講習所に学び、小学校准訓導の資格を得た。明治三十五年二月には安房郡田原村（現鴨川市）の竹平校に採用され、当初は生家から片道約八キロの道のりを徒歩で通っていた。しかし冬の寒さが堪えたのか、その後学校近くの西福寺に寄宿してそこから勤務するようになった。

掲出歌は寄宿先の自分の元に幼い弟からの手紙が届いたことを詠っている。千樫は五歳下の妹のぶ、八歳下の弟の直次郎、十九歳年下の妹三千代の四人弟妹であった。弟の直次郎は当時九歳、覚えたばかりの拙い文字で背戸口の柿が赤く色づいたと兄の千樫に手紙を書いてよこしたのである。何の技巧も凝らさず、事実を淡淡と詠んでいながら、弟を愛しむ気持ちが自然と心に染みてくる。当時の千樫の作は掲出歌に並ぶ「ほのぼのと富士の山より明そめて三保の松原鶴鳴渡る」など、他の歌人と同様類型的且つ旧派和歌の影響を受けた作が多かったが、一方ではこうした写実的な歌も作っていた。『定本古泉千樫全歌集』（以下『全歌集』と表記）の年譜によれば、明治三十三年、十五歳の時に「夕されば庭の木立に鳴きし蟬向うの丘にうつりてぞ鳴く」の一首を作っている。

千樫は、主に「こころの華」に投稿する一方で早くから正岡子規の「歌よみに与ふる書」やその作品を読んでいたと思われる。こうしたことが十代半ばにして掲出歌のような写実歌を作る素地となったことは間違いない。幼い弟を詠った作をもう一首掲げる。

放ちたる弟はいつか夢に入りて螢光れり蝑《かや》の中にして

「こころの華」の明治三十七年七月号の作。この頃既に「馬酔木」で伊藤左千夫の選を受けているので、根岸派の影響は決定的なものとなっている。掲出歌と同じく技巧を凝らさず、見たままをありのままに詠っているが、それでいて心に染み入るような叙情性がある。蚊帳の中で螢を放ったまま眠ってしまった弟は何を夢見ているのだろう。螢の光る幻想的な美しさと相俟って、弟を思う千樫の優しさが一首を包んでいる。

早少女は今日植ゑそめと足引の山田の神にみき奉る

「馬酔木」十三号（明治三十七年八月）

「耕餘漫吟」二十首中の一首。千樫十九歳の作である。当時千樫は小学校の准訓導の資格を得、故郷の千葉県安房郡田原村（現千葉県鴨川市）の竹平校に勤めていた。郷里の吉尾村から長狭街道を八キロほど鴨川方面に下った所である。

季節は春、暖かい房州地方の村里では四月になると一斉に田植えが始まる。この作が成った明治末期、田植えを始めるにあたり、早少女が畦に祀られている田の神に神酒を奉り豊作を祈る民俗行事が伝承されていたのである。この一首はそうしたゆかしい習わしを虚飾なく簡明に詠っている。「植ゑそめ」は「植え初め」で「植え始め」のこと、「足引の」の枕詞も歌中に無理なく使われ違和感がない。声調にも破綻がなく、千樫は十九歳にして既にこのように完成された一首を作っていた。

『全歌集』の年譜によれば、千樫は十四歳で「万朝報」の歌壇に投稿を始め、十七歳の頃には『万葉代匠記』や『万葉集古義』を熟読していた。こうした読書体験が古典の素養を培い、万葉調を自らの歌に取り込んでいく上での素地となったことは言うまでもない。「耕餘漫吟」には掲出歌のほか次のような作がある。

わかぐさのツマグロヨコバヒいざなふと山田の神は灯火てらす
蓮の花ひらく音すも宿りけむ天つ少女や朝たたすらし
風ふけば藤の花ぶさゆらゆらにゆらぐ心を吾持たなくに

伊藤左千夫は「耕餘漫吟」の連作から十二首を選び、「一見平淡少しも巧を求めず而して精神自ら新しき所あり」と評した。この評は「耕餘漫吟」に止まらず、千樫の生涯に通じる歌風を端的に述べているという点で、まさに至言と言って良い。この左千夫の評が、千樫が生涯を通じて作歌に打ち込む契機となった。「耕餘漫吟」こそ千樫の歌人としての出発点を飾る記念すべき連作であると言える。
それから三年後の明治四十（一九〇七）年五月十二日、千樫は単身上京し、本所茅場町無一塵庵で伊藤左千夫に初めて見《まみ》えた。

『川のほとり』明37〜明40

みんなみの嶺岡山《みねをかやま》の焼くる火のこよひも赤く見えにけるかも

自選歌集『川のほとり』（大正十四年刊）の冒頭の一首。嶺岡山は北西から南西にかけて緩やかに起伏しながら太平洋に落ちてゆく長大な山嶺全体を言い、その最高峰は標高四〇八メートルの愛宕山で、これが千葉県の最高峰である。この嶺岡山周辺は戦国時代の里見氏の頃から軍馬育成の地となり、明治以降は千葉県の酪農の中心地となった。その嶺岡山は千樫の生家の庭に立てば、間近にそのどっしりした山容を望むことが出来る。歌中の「焼くる火」は雑草を焼き、新鮮な牧草の繁茂を促す早春の行事である山焼きによるものである。

掲出歌は『川のほとり』では千樫十九歳の作とされており、年少の頃から万葉集を深く読み込んでいることを充分に窺わせる。助詞「の」のリズミカルな反復、そして調べに流されてしまうところを「けるかも」の深い詠嘆で結ぶ詠法は万葉調そのものである。

さて歌中に「こよひも」とあるから山焼きの火は何日にも渡って続き、千樫は宵宵庭に出るたびに眺めていたのであろう。「山焼」の連作五首中には掲出歌のほかに次の作がある。

山火事の火影《ほかげ》おぼろに宵《よひ》ふけて家居《いへゐ》かなしも妹《いも》に恋ひつつ
山焼《やまやけ》の火《ほ》かげ明《あか》りてあたたかに曇るこの夜をわがひとり寝《ね》む

これらの歌を合わせ読むと、一人の女性に恋慕の情を抱きながら山焼きの火を眺めていたことが想像される。そして山焼の火はそれを眺める千樫の恋心を相乗作用の如くますます募らせていったことであろう。

ところで掲出歌他の「山焼」の連作は、『川のほとり』で初めて発表された作であることから、橋本徳壽はその著『古泉千樫とその歌』の中で「十九歳の当時にこの歌の原型が作られたかも知れないが、それがこのままの形であったとは私には思われない」と述べている。私もその見解を首肯したい。似通った声調の歌は「耕余漫吟」中の「梅雨晴の若葉の森の片明かり月の上りを啼く郭公」など既にあるものの、その完成された声調から推し量ると、おそらく長い間手元に暖めてあった作を『川のほとり』を出すに当たって、手を加えたのではないか。「山焼」の連作は明らかに『川のほとり』を出版した当時の千樫の力量を反映したものと見るのが自然であろう。

『川のほとり』 明37~明40

朝な朝な牛を牽《ひ》き飼《か》ふみちのべの小草《をぐさ》の露《つゆ》の寒きこのごろ

千樫の生地安房は明治以来酪農が盛んで、農村地帯ではどの家も二頭や三頭の牛を飼っていた。とりわけ我が国の酪農の発祥地嶺岡牧場近くの千樫の生家周辺では酪農を生業としている家が多かった。千樫は少年期より牛の世話をしており、この一首からは牛の手綱を牽きつつ毎朝畦道を牧草を食べさせに通っていたことが窺われる。

さて掲出歌であるが、「の」を三度畳みかける手法は、初期の「みんなみの嶺岡山《みねをかやま》の焼くる火のこよひも赤く見えにけるかも」から最晩年の「さしなみのとなりの家の早起の音にくからぬ春の朝なり」まで千樫の作に多く見られるが、掲出歌は調べに流されてしまうところを結句の体言止めで締め、印象的な一首に仕立てている。

露に濡れた草を草履に踏みながら牛を牽き歩む千樫。露に濡れた草は折々千樫の素足に触れたことであろう。結句「寒き」は視覚によるのみならず、直に触れたときの感触も踏まえた言葉と受け止めたい。いずれにしろ下句の「小草の露の寒きこのごろ」は、季節がはや晩秋となったことを印象づけるのみならず、晩秋のしっとりとした清澄な空気さえ感じさせる広がりを持つ。

それにしてもこの隙の無い緊密な声調はどこから来るのだろう。『川のほとり』には掲出歌に近接して次の歌がある。

このゆふべ野分《のわき》のかぜの吹き立ちて向《むか》つ草山草ひかる見ゆ
にひばりの畑のそら豆はな咲きて楢山《ならやま》がくりうぐひす鳴《な》くも

これらの作は同じ時期の明治三十七年に「こころの華」に載った「小夜川をひそかに渡す渡船の右に左に千どりなくなり」などのどこか悠長な調べとは明らかに異なる。

私は掲出歌他二首が『川のほとり』以前にどこにも発表された形跡のないことから、前述の「みんなみの」の一首と同じく、『川のほとり』を出した当時の千樫の力量を反映している作と見たい。しかしこれが作品の価値をいささかも貶めるものではなく、青春期の若若しい心の張りと声調が一体化した佳品であることを付言しておきたい。

『川のほとり』明37～明40

山行くとくぬぎの若葉萩若葉扱《こ》きつつもとな人わすらえず

「若葉」の反復が弾むような調べをもたらしているが、下句は一転苦しい胸の内を吐露している。「扱く」は「しごく」の意。「もとな」は「わけもなく、むやみに」という意で、万葉集に「吾妹子が笑まひ眉引き面影にかかりてもとな思ほゆるかも」などの用例がある。千樫も「ここにしてもとな今宵をやどりけり土をゆすりて浪の音ひびく」など、この「もとな」をしばしば用いている。「扱く」ことにより、人に恋い焦がれる心情を打ち払おうとするのだが、それでも人を恋する気持ちが募っていくばかり、そんなやるせない心情が「もとな」に籠められている。掲出歌を含む「行く春」の連作中に次の歌がある。

まがなしみ人に恋ひつつこの春も暮れてすべなし村を出でがてに
草山の奥の沢べにひとり来てなはしろ茱萸《ぐみ》をわが食《は》みにけり

山原のほほけ茅花《つばな》のうちなびき乱るるが中にころぶしにけり

これらの作にも人に恋い焦がれる気持ちをどうにもできない千樫の心情が詠われている。ではこれほどまでに千樫が恋焦がれた女性は誰であったか。

千樫は明治三十五（一九〇二）年田原村（現鴨川市）の竹平小学校に准訓導として採用され、毎日吉尾村の生家から片道おおよそ八キロを徒歩で通っていた。しかし、寒い冬期は通勤に難渋したため、後に竹平校の仮校舎西福寺の一室を借り、自炊をするようになった。このときなにくれと面倒を見てくれたのが、住職菊地孝順の妻きよ（正式に入籍したのは明治三十八年十二月、それまでは内縁関係にあった）であった。杉田博の『歌人古泉千樫』によれば、きよは田舎には珍しい気品の備わった麗人であった。しかし夫の孝順は西福寺を留守にし、放蕩生活に明け暮れていた。こうした中で養女（夫孝順の兄の娘）が四歳で亡くなった。この時悲嘆に暮れるきよに同情し次の歌を詠んでいる。

かきいだき泣伏す母をなぐさめむ言葉もしらず諸ともに泣く

きよへの憐憫の情が思慕の情に変わっていったのは自然の成り行きであった。

『川のほとり』明37〜明40

ふるさとに帰れるその夜わが庭の椎《しひ》の若葉に月おし照れり

『全歌集』末尾の年譜によれば、明治四十（一九〇七）年五月十二日海路上京して本所茅場町無一塵庵に師伊藤左千夫を訪ね、十六日まで宿泊、早朝帰路についた。左千夫の膝下にあって歌作に励もうという強い思いと、きよと相思相愛の仲となったことが村人の噂に上り、さらには勤務先の校長からも指弾され、故郷に止まりがたくなったからであった。初めて左千夫に会った千樫は次の歌を詠んでいる。

むらぎもの心うれしもこの庵《いほ》にわれは宿《とま》りて朝あけにけり
大きなる人のうしろにしたがひて心うれしくも歩み行くわれは

保田で下船して十七キロの道のりを歩き通し、吉尾村の我が家についた時は既に夜であった。

道から一段下がったところにある我が家を見ると、月光に照らされて椎の若葉が白銀色にかがやいている。結句「おし」は語勢を強める接頭語で、これにより風も静まった夜更け、明るい月光が深閑と椎の若葉を照らしている様が浮かぶ。

椎は房州を代表する照葉樹で、ちょっとした森があればどこでも生えている、暖かい房州の象徴ともいえる木である。それは房州の山並みの最も美しい時期でもある。椎は一斉に古葉を落とし、匂うような若葉に変わる。それは房州の山並みの最も美しい時期でもある。ただ掲出歌は五月十六日の夜を詠んだ作であるから、実は若葉から青葉に変わろうとする時期を詠んだものであることを指摘しておきたい。ともあれ月光に照らされている椎の若葉を見たとき、慣れない東京から故郷に帰ってきたことを実感し、深く安堵したことであろう。掲出歌はそんな千樫の思いがそのまま乗り移ったように明るい調べである。

掲出歌に並んで次の一首がある。

わが家はいまだは見えねいちじろく裏の椎森《しひもり》若葉せる見ゆ

百年後の今でも千樫の生家周辺は昔と変わらず、椎が生い茂っている。

『川のほとり』『屋上の土』明41

皐月空《さつきぞら》あかるき国にありかねて吾《あれ》はも去《い》なめ君のかなしも

掲出歌は千樫没後の昭和三（一九二八）年に刊行された『屋上の土』の巻頭の一首である。「皐月空《さつきぞら》あかるき国」は房州の明るい風光を端的に言い得ており、千樫と同郷の私には爽やかな五月の青空、山々の照葉樹の瑞々しい若葉、山裾に広がる水田に一面にそよぐ早苗など、房州の五月の景が直ちに浮かんでくる。そしてこの言葉に千樫は故郷に対する限りない愛着を籠めてもいるのである。

しかし千樫はそんな故郷を去らなければならなくなった。「ありかねて」には、今正に故郷を出奔しようという千樫の苦渋の思いが籠められている。故郷を後にしようとは思うものの、一方では「君」が愛しくて仕方がない。千樫は後ろ髪を引かれるような思いでひとり密かに出郷したのであった。村の家々が軒に菖蒲をかざし、鯉のぼりが爽風にひるがえる五月三十一日のことであった。この頃詠んだ作を掲げる。

吹く風に椎の若葉の日のひかりうち乱りつつありがてなくに
椎わか葉にほひ光れりかにかくに吾れ故郷《ふるさと》を去るべかりけり
君が目を見まくすべなみ五月野の光のなかに立ちなげくかも
はだしにてひとり歩めりこの国の露けき地《つち》をいつかまた踏まむ
草鞋はきてまなこをあげぬ古家の軒の菖蒲に露は光れり
家々にさつき幟のひるがへりしかしてひとり吾が去りゆくも

いずれも声調が完璧と言っても良いほど整っており、かつ故郷や「君」への断ちがたい思いが直に伝わってくる秀歌であると思う。

なお掲出歌中の「君」は前述したように、相思相愛の仲となっていた菊地きよを指す。住職の夫人でかつ千樫より十歳も年上であったきよとの恋は口さがない村人達の噂に上り、それを聞いた勤務先の校長は千樫を退職させるべく様々に画策した。結局、千樫は勤務先に居づらくなり、明治四十一（一九〇八）年四月に退職した。そして五月三十一日に師伊藤左千夫を頼って、単身上京したのであった。

甕ふかく汲みたる水の垢にごりさびしき恋もわれはするかも

『川のほとり』『屋上の土』明41

明治四十一（一九〇八）年五月三十一日に千樫は上京したが、その時きよは近いうちに後を追って上京することを約したのであろう。そのきよが中々上京しないことへの焦燥と嘆きが掲出歌を含む「煙塵」の連作に詠われている。

塵けむるちまたに吾れは奔《はし》りきぬ君もかなしく出でてきたらむ
古里《ふるさと》を君もたしかに出でたりと思へるものをいまだ逢はぬに
した心君を待ちつつここにしてとどまる電車八十《やそ》をかぞへぬ

掲出歌中の「甕ふかく汲みたる水の垢にごり」は水銹が出来るという意味の「さび」を導く序詞で、さらに「さび」は「寂しき」にも通じるという掛詞の働きも持たせている。序詞はある語句を導くための原則七音以上の言葉で、導き出された語は「風吹けば沖つ白波たつた山夜半にや君がひとり越ゆらむ」の「たつ」のように掛詞としての用法を持つものが多い。序詞は万葉集でも「多摩川にさらす手作りさらさらになにそこの子のここだかなしき」等多用されており、千樫は序詞を生涯を通じて自らの作に積極的に取り入れた。千樫ほど序詞を巧みに用いた歌人はいないのではないか。

序詞はまた作品の情調を高めたり、イメージを膨らませたりするなど様々な効果を持つが、掲出歌中の序詞「甕ふかく汲みたる水の垢にごり」は千樫の内面の沈鬱とした気分を巧みに具象化し、イメージ化して余すところがない。そしてこの序詞により導かれた「さびしき恋」の「さびしき」は恋人に会えないことから来る寂しさのみならず、世間で受け入れられ難い秘めた恋故の寂しさも含んでいよう。こうした沈鬱とした気分を解き放つことの出来ない千樫の嘆きは結句「われはするかも」の強い詠嘆から直に心に響いてくる。

さて『全歌集』の年譜によれば、その頃千樫は左千夫の世話で本所区緑町の滝沢という人物の家の一室を間借りし、よく左千夫の家に行っては雑用を手伝った。帝国水難救済会に正式に職を得たのはその年の十月の末であった。きよがその頃までには千樫を追って上京し、同居していたことは間違いない。

あからひく日にむきたてる向日葵《ひまはり》の悲しかりとも立ちてを行かな

『川のほとり』『屋上の土』明41

上句すべてが「悲しかりとも」を挟んで、「立ち」を導く序詞となっている。さらに「あからひく」が「日」にかかる枕詞であるから、掲出歌はかなり技巧的に見える。しかし「日に向きたてる向日葵」は千樫が実際に見た光景であろう。命の躍動と強い意志を主張する向日葵の姿は、千樫の心中に待ち焦がれている恋人の上京しない寂しさと孤独、定職の見つからない不安の中から立ち上がる意志を呼び起こしたに違いない。

結句「立ちてを行かな」の「を」は、述べたいことを強調する間投助詞であるが、実に効果的に使われている。この「を」と結句の「な」が呼応して、悲しみを堪えつつ再び立ち上がろうとする強い意志が強調されるのである。こうした言葉を自在に使えるのも少年期から万葉集を読み込んできたことによるのであろう。

さて掲出歌は明治四十一（一九〇八）年、二十三歳の作で連作「屋根の草」の冒頭に載っている。恋人きよはまだ上京していなかった。『全歌集』の年譜によれば、千樫が左千夫を頼って上京したのは五月三十一日、そして、「屋根の草」の連作中に「おぼろかに三月《みつき》はすぎぬ八《や》十国《そくに》のきほひどよめく都べにして」の一首があるから、この一首が成ったのは八月の下旬頃ということになろう。

「屋根の草」の連作は掲出歌を除き「おぼろかに」の一首と同じような不安と焦燥を詠んいる。三首ほど掲げる。

かりそめの病ひをやみて吾れ思ふつひに都に住みえざるがに
思ひ涌く大き都にせむすべのたどきを知らに昼寝するかも
都大路人満《み》ち行けどみち行く人らいささかもわれにかかはりはなし

故郷の安房から逃げるように東京に出てきてから三月の間、千樫は伊藤左千夫の紹介で借りた本所区緑町の家の二階の一間で、ともすれば挫けそうになる心と戦いながら、悶々とした日日を送っていたのである。

ひとり身の心そぞろに思ひ立ちこの夜梅煮るさ夜更けにつつ

『川のほとり』『屋上の土』明41

千樫二十三歳の作。「ひとり身」とあるから、この時もまだきよは上京していなかった。掲出歌の前には「さ夜ふかみ澄み渡る空の月に向ひ今更に思ふひとりあることを」の一首がある。掲出歌のキーワードはこの「ひとり身」であろう。この一語に恋人と会えない寂しさと未だに定職につけない生活上の不安が凝縮されている。「そぞろに」は「あてもなく、漫然と」の意。何となくふと思い立って夜更けに梅を煮る行為の意味を解釈するのは、中々難しい。『日本国語大辞典』によれば梅の果肉を煮つめたものは古来胃腸薬や咳止めとされてきたが、それはともかく柴生田稔はこの年の左千夫の作「夜ふかく唐辛子煮る静けさや引窓の空に星の飛ぶ見ゆ」の影響を認めている（『日本の詩歌第六巻』）。また橋本徳壽は『古泉千樫とその歌』の中で、左千夫がこの歌につき、「軽いおかしみを歌ったものだ」と評したことを紹介している。

しかし私には軽いおかしみはあまり感じない。掲出歌の直近に次の作がある。

打日さす都の土を踏みそめてとよみしこころいつか消《け》につつ
もやもやし大野のみどり色に立ち黄なるが中に日の沈む見ゆ

これらの歌と合わせ詠むと掲出歌の夜更けに梅を煮るという行為からは、鬱屈した心情が読み取れるが、同時に梅を煮ることにより一時でもこうした気持ちを沈めようとする心の動きも感じられる。さらには梅を煮ることが故郷の我が家の習わしであったとしたならば、それは千樫にとって故郷の温もりを自ら感じる行為であったのかも知れない。千樫はこの頃「ふるさとの秋ふかみかも柿赤き山べ川のべわが眼には見ゆ」など、懐郷の歌を多く詠んでいる。

なお三句で小休止、下句で四句切れを挟んで詠み下していく詠法は「夜」の反復と相俟って、句切れを感じさせない滑らかな声調をもたらしているが、これは万葉集東歌の「夏麻《なつそ》ひく海上潟の沖つ渚《す》に舟はとどめむさ夜更けにけり」あたりの影響があろう。千樫は橋本徳壽に万葉集のこの一首を示し「この歌をくりかえしくりかえし幾度も読んでみたまえ。歌の調子というものはこういう歌から感得しなければならない」と教えたという（『古泉千樫とその歌』）。

『川のほとり』『屋上の土』明42

帰りきて坂に我が見るわが家はまだ灯もささず日は暮れたるに

「帰省」の連作中の一首。この連作の前に「寒夜」、「海辺の夕暮」の故郷を題材にした二つの連作があるから、「帰省」の連作は出郷以来二度目か三度目の帰省の際の作と考えられないこともない。因みに北原由夫はその著『歌人古泉千樫』で二度目の帰省であろうと述べている。ただ明治四十二年の作に故郷を詠んだ歌がとりわけ多いからといって、これをそのまま同年の作と取るのは無理があるように思われる。「海辺の夕暮」の連作中に次の歌がある。

焚火する海人《あま》らがむれにこの日頃面知りそめし海人も交れり

この一首は当時千樫の寄宿先であった西福寺から大凡三キロ、現在の鴨川市天津あたりの海を詠んだものと思う。「この日頃面知りそめし」とあるから、頻繁に海辺に出かけたのであろう。帰省時の作とはとても思われない。この一首は紛れもなく回想詠である。そしてこの一首だけではなく、「帰省」以前の故郷を詠んだ作は全て回想詠であろう。出郷の事情が事情だけにそう頻繁に帰省したとは考えられないからだ。

さて掲出歌であるが、千樫は田植の準備に忙しい四月のある日の夕暮れ、一人でひそかに帰省した。保田で下船し、坂の多い長狭街道を大凡十七キロ歩き、漸く吉尾村に入る。長狭街道から右に折れ、野道をゆくと坂から一段下がった間近に萱葺きの我が家が見える。二句三句の「我が見るわが家」には久し振りにわが家を見たときの懐かしさと慕わしさが籠められている。しかしその我が家は日が暮れたのにまだ灯りも点いていない。思いは直ぐに田植えの準備に遅くまで働いていているであろう父母に及ぶのである。結句「日は暮れたるに」には千樫の父母を思いやる気持ちが滲む。掲出歌に並び次の一首がある。

いましがた田ゆ帰りしと軒闇に母が立たすに我が胸せまる

野良着のまま暗い軒下に立つ母と、感極まってその姿を見つめる千樫。ドラマの一齣を見るように鮮明に場面が浮かぶ。

『川のほとり』『屋上の土』明42

吾からと別れを強ひし《し》心もてなにに寝らえぬ夜半のこほろぎ

　掲出歌を含む「夕棚雲」の連作八首は明治四十二年十二月の「アララギ」に載っている。『川のほとり』を出すにあたり手を加えた作が多い中で、掲出歌は改作の跡が見られない、紛れもなく千樫二十四歳の作である。柴生田稔はこの連作につき、「当時においてこれだけの表現力を発揮しているのは、茂吉の言うように、茂吉等同輩を遙かに引き離している感がある」と述べている。この「夕棚雲」の一連こそ千樫の相聞歌人のとしての評価の定まる端緒となった作であると言ってよい。

　掲出歌の詠まれた時期は、連作中の一首に「ひそひそになくや蟋蟀」とあるからおそらく晩夏から初秋の頃と思われる。このころはまだ千樫はきよと同棲していなかった。きよが夫菊池孝順と協議離婚をしたのは明治四十二（一九〇九）年一月二十六日、それ以降のきよの足取りは明確ではない。橋本徳壽は千樫ときよとの間に長女葉子の生まれた明治四十四年四月の少なくとも一年前には同棲していたと推定している（『アララギ交遊編年考・一』）。いずれにしろこの頃千樫は左千夫の世話で借りた本所区緑区三ノ三二の二階屋の一室に住み、帝国水難救済会の下級事務員として働きつつ、左千夫の膝下にあって茂吉、憲吉、文明らと切磋琢磨しつつ作歌を競い合っていた。掲出歌は「夜半のこほろぎ」にこと寄せて、恋人と離れて独り暮らす悶々とした心情を詠っている。自ら恋人に別れを強いて逃げるように故郷を出てきたのに、どうして今は孤独と寂しさに耐えられず寝られないのか。庭から微かに聞こえてくる蟋蟀の声にますます孤愁を募らせるのである。結句「夜半のこほろぎ」の体言止めもそうした千樫の姿と心情を強調して効果的である。上田三四二はこの一首につき、「一つの完成した形式の中に切実な心を盛って成功した一首といっていい」と述べている（『鑑賞古泉千樫の秀歌』）。

終わりに掲出歌以外の「夕棚雲」中の作を三首掲げる。

ひそひそになくや蟋蟀《こほろぎ》ひそかにはわが鋭心《とごころ》はにぶりはてしも
玉くしげふたたびあはばをの子わが正名《まさな》はあらじあらずともよし
かぎろひの夕棚雲の心ながくながく待つべみ君のいひしを

『川のほとり』『屋上の土』明43

ねむの花匂ふ川びの夕あかり足音《あおと》つつましくあゆみ来らしも

明治四十三年の「合歓の花」の連作中の一首。この一連を上田三四二は「前年にその女性を東京に迎えて結婚しているから、これはその時の作と思われる」と述べている（『鑑賞古泉千樫の秀歌』）。果たしてそうか。まず明治四十二年に結婚していたかどうかは不明確である。橋本徳壽も「明治四十三年八月八日の東京下町の水害の年にも独居だったようにも思われる」と述べたり、「四十二年頃から同棲していたのかも知れない」とも述べ、見解は一定しない。

私は、「合歓の花」の連作は、作中の「君」であるきよの離婚が成立した明治四十二年一月二十六日以後、二人が同棲するまでの間に成った作と思う。離婚して以後のきよの足取りは不明である。橋本徳壽は一時東京に住む末弟の山下政雄の家に身を寄せていたのではないかと推測している。だとすれば同棲前にきよと千樫が東京のどこかで会ったことは充分に考えられる。

さて「合歓の花」の連作八首の中から四首を掲げる。

川隈の椎の木かげの合歓《ねむ》の花にほひさゆらぐ上げ潮の風に
たもとほる夕川のべの合歓の花その葉は今はねむれるらしも
うつぶしに歩み来につつたまゆらに吾《あ》れに向けつるかがやく目見《まみ》を
かくしつつすべなきものかねむの花のしなひ匂へる手をとりにつつ

中々来ない恋人を待つ若者の心のときめきと焦燥、そして出会って触れあうまで、あたかも映画のワンシーンを見るように一齣一齣を叙情豊かに詠い上げている。慎ましく薄紅に花開く合歓は、この女性の姿やイメージと自ずから重なってくる。そして一首一首が共鳴し合い、若者のひたむきであるが故に哀切な恋のすがたを映し出している。

掲出歌は合歓の花咲く夕べの川のほとりが舞台となっているが、三句切れはこの美しい光景を印象づけるのに実に効果的である。そこに待ち焦がれた女性が「足音つつましく」近づいてくる。この言葉は楚々とした女性の姿、しなやかな身のこなしを思い浮かばせると共に、結句の「らしも」と相俟って、微かな足音を聞いたときの千樫の心のときめきや息づかいまで感じさせる。千樫の心の昂揚がもっとも感じられる、この連作の白眉の一首と言うことができよう。

春の夜のあらしは止みぬ水の上の鳥居の雫落ちてひびくも

『川のほとり』『屋上の土』明44

明治四十四年の「水郷の春」の連作三十二首中の一首。『全歌集』の年譜には、「この年の四月に長女葉子が生まれた。春、香取鹿島に旅行した。アララギに全力を注ぎ、左千夫を助けて茂吉と共に編集に携わった」とある。前述したように既に薄給ながらも定職を得ており、最愛の人とも結婚して子供も生まれ、短歌にも努力を傾注する環境が整ったのである。こうした私生活上でも作歌上でも充実期を迎えようとする中でこの「水郷の春」の三十二首の大作が成った。

「水の上の鳥居」は連作中の「湖」が北浦と推定されるので、おそらく鹿島神宮のいくつか建つ鳥居の一つであろう。時刻は嵐の去った暁か。まだ暗い湖の渚にひとり立つと、水の上に建つ大鳥居から、雨雫が間を置きながら湖面に落ちる音が響いてくる。深閑とした暁の湖岸でひとりその音に聴覚を研ぎ澄ましている姿から、写実に徹しようという姿勢がはっきりと見てとれる。掲出歌は無論早く目覚めたから作ったのではなく、歌を作ろうとして早く目覚めて成した一首であろう。事実、千樫は徳壽に、旅行に出かけた際は、歌材を見つけるために「朝なども人よりは一時間も一時間半も早く起きて、その地方の朝の動きを丹念に見つめている」と述べたと言う。

作中「の」が五度反復しているが、殆ど気にならないのは二句で切れているからだろう。そしてこの二句切れは舞台設定の上でも効果的で、結句の「も」の詠嘆と相俟って、雫の音をより強調している。橋本徳壽はこれに加えて、「て」の一音が結句を潑剌と生動させていると述べ、この一首における「て」の働きに着目している（『古泉千樫とその歌』）。掲出歌の直前に「あらし過ぎて闇おぼほしき春の夜の渚の水にわが手をひたす」の一首も初句の「て」により、二句以下が生動していることは明らかである。「て」のみならず、助詞の用法は実に難しい。千樫のこれらの作を読むと、わずかひとつの助詞が一首を活かしもするし、時には駄作にしてしまうことを改めて思う。

なおこの年、千樫は「アララギ」に「水郷の春」の連作を含め、百三十一首発表している。前年に発表した歌数が四十四首に過ぎないことと比べれば、この年の千樫の歌に対する積極的姿勢がはっきりとうかがえる。

『川のほとり』『屋上の土』明44

石ひくくならべる墓に冬日てりひとつひとつ親しくおもほゆ

墓というとどうしても陰鬱なイメージを抱きがちであるが、掲出歌はそれとは対照的な墓の佇まいを詠っている。橋本徳壽は「陰沈荒寥たるべき野の墓原も、千樫の温和親愛の胸をとおすと斯くまでしたしいものとしてあらわされる」(『古泉千樫とその歌』)と述べている。千樫にとって墓は陰鬱な場所ではなく、ほっと心の安らぐ場所であったと思われる。因みに千樫が墓を詠んだ作を掲げる。

曇り日の若葉やすらかに明るかり墓地《ぼち》を通りて湯に行くわれは
今日からの日日の散歩に吾れの来《こ》むこの墓原の道のしづかさ

掲出歌「石ひくくならべる墓」の端的な把握は、千樫の写実の確かさを示すものだ。四句の

「ひとつひとつ」は「アララギ」に発表当時は「ひとつひとつの」であった。確かに「の」を省いて字足らずの破調にすると墓の「ひとつひとつ」の存在感が増してくる。千樫はこうして助詞の一つにも細心の注意を払って作歌をしていたのである。

さて掲出歌の墓は、この歌が成った明治四十四年当時はまだ本所区緑町に住んでいたから、右に挙げた「今日からの…」など晩年に詠まれた青山墓地でも郷里の墓でもない。千樫の家の近所の墓であろう。「石ひくくならべる墓」とあるから、その墓の主は高名な人でも財産家でもなく、下町の市井の人々であろう。であるからこそ「ひとつひとつ親しく思ほゆ」なのだ。ひとつひとつ冬日に温まりながら鎮まる墓に温かい眼差しを注ぐ千樫、その眼差しは墓の主の名も無い市井の人々に確かに向いているように見える。結句「親しく思ほゆ」は市井の人々の生きる姿への共感があってこそ生まれたことばと言えよう。

ところで千樫が墓を詠んだ作には一体に陰鬱さがないのは何故だろう。私はそこに千樫の故郷房州の風土の影響を思わないわけにはいかない。房州の温暖で人に優しい風土、千樫が育った農村部に色濃く残る、濃密な人間関係に基づく村落共同体、そしてそこに根付く正月や盆など祖先との交流を旨とする様々な民俗行事の中で育まれたことが、墓を詠んだ作にさえも親しさや温もりを感じる、千樫の作品の素地となっているのだと強く思う。

『川のほとり』『屋上の土』明45（大元）

むらさきの夕かげふかき富士が嶺の直山膚《ひたやまはだ》をわがのぼり居り

千樫の作で山を詠んだ歌はそれほど多くない。その中で掲出歌を含む「富士行」の連作三十五首は異例とも言える大作である。この連作への千樫の並々ならぬ作歌意欲のあらわれと言える。ただ総じてこれら山岳の歌には何か物足りなさが残るのは否めない。千樫は明治四十一（一九〇八）年左千夫に従って信濃を旅したが、その時次の歌を詠んでいる。

ここにして飛驒のむら山たかだかにしろがねの雪かがやけり見ゆ
西方《さいはう》に飛驒の高山あかあかと夕べの空に浮びたるかも

これらの歌は通り一遍の歌と言われても仕方がないものがあろう。
千樫が育った房州は高山は皆無で、最高峰も標高四〇八メートルの嶺岡山である。千樫が上京するまでに登った主な山はその作品から見る限り、郷里の嶺岡山、清澄山（三八三メートル）、富山（三五二メートル）を数えるのみである。高山もなく温暖な房州で育った千樫は厳しい自然と対峙したことはなかった。千樫の山岳詠に感じる物足りなさは、おそらくこんな所に起因するのかもしれない。

こうした中にあって掲出歌は、成功した作と言える。「むらさきの夕かげふかき富士が嶺」の端的な把握に独自性があり、そこに雄大な景を前にしても繊細なとらえ方をする千樫の特性がよく表れている。また「直山膚《ひたやまはだ》」は富士山に初めて登ったときの実感のこもる言葉で、六合目より上の樹木が全くなく、一気にせり上がってゆく富士山の山容を端的に言い得た言葉だ。ただ結句「わがのぼり居り」が常套的であるのが惜しまれる。結句を「をり」で結ぶと感動を弱めてしまうきらいがある。「をり」はよくよく注意して使うべきであろう。

以下、連作中の佳作を掲げる。これらの作品もいかにも千樫の歌らしい繊細さで彩られている。

霧はるる木立のうへにうす藍の富士は大きく夜はあけにけり
富士が嶺を深くつつめる雨雲《あまぐも》ゆ雨はふるらしこの夜しづかに
山上《さんじやう》は静かならむと雨ながらのぼりゆくかもこのあさあけを

『川のほとり』『屋上の土』大2

あらしのあと木の葉の青の揉まれたるにほひかなしも空は晴れつつ

この作の発表される以前の明治四十二（一九〇九）年ごろから、アララギは産みの苦しみとも言ってもよい激動期を迎えていた。そのころ茂吉や赤彦、憲吉、文明等は従来の歌に飽き足らず、茂吉の言う新傾向の歌を求めて苦吟を重ねていた。批判の矛先は師の左千夫にも及び、アララギはその方針を巡り、存立も危ぶまれる状況に陥ったのである。そういう中で伊藤左千夫が大正二（一九一三）年七月三十日に脳溢血で急死した。千樫の上京当初の生活全般の庇護者でもあった左千夫が亡くなった嘆きはことのほか深いものがあったに違いない。

当時の千樫の作は、他の同人達の作風の影響は免れず、新しい感覚の歌を求めて試行錯誤を重ねていたように見える。ただ茂吉や赤彦に比べるとその作品に顕著な乱れは見られない。

掲出歌の成った大正二年の作を掲げる。

さ夜ふかく匂ひ涌きたつ池の魚の生きのいのちのかなしかりけり
街の夜は更け爛れたりしかすがに庭の青葉の露にしめれる

掲出歌はこのような意図が透けて見えるような作とは違い、明らかに千樫の歌の一つの新しい方向を示している。その方向は早く明治四十五年の「小春日の林を入れば落葉焚くにほひ沁みくもけむりは見えず」などに見られるが、掲出歌は自然観照において、表現力において「小春日の」よりも明らかに優る。まず掲出歌は「の」が四度反復しているが、初句切れを挟んでいるため、調べに流されている感がしない。そして二句三句「木の葉の青の揉まれたる」に着目したい。橋本徳壽はこの言葉につき、「「青き木の葉の揉まれたる」でなしに「木の葉の青の揉まれたる」は鋭敏であり苦労をしている」と述べている。私も「木の葉の青」として青に焦点を絞ったことにより、後に続く「にほひ」を強く印象づけていると思う。さらに四句切れのあとの結句「空は晴れつつ」は一見とってつけたようだが、これが実に効いており、この言葉により四句「かなしも」の主観が一気に生動している。

千樫は前述したアララギの激動期にあって、いち早く叙情と叙景が渾然と一体となった佳作を発表していたのである。

『川のほとり』『屋上の土』大2

朝なればさやらさやらに君が帯むすぶひびきのかなしかりけり

大正二年の「燭影」の連作中の一首。作中の「君」は原阿佐緒である。千樫と阿佐緒は二人が賛助会員として名を連ねた仙台の文芸誌「シャルル」（大正元年十一月一日創刊）を通して知り合い、文通を通して親交を深め合った。文面は千樫から阿佐緒へのファンレターの趣であったらしい（千野明日香「法政大学日本文藝誌要」第七十七号）。

千野氏の同じ論考によれば、大正二（一九一三）年十二月十八日の夕刻千樫の隣家から出火、この時阿佐緒が突然千樫の家の庭に立った。これが二人の初めての直接の出会いであった。阿佐緒の美しさに心を奪われた千樫は、十二月二十四日頃千葉県の稲毛（現千葉市稲毛区）の旅館「海氣館」に阿佐緒を誘い、そこで一夜を過ごした。「燭影」はこの時を題材にして詠んだ連作である。

さてこの連作については、劇的で巧みに過ぎているようであるとか、「灰燼」（筆者注　十二月十八日の出火を題材とした連作で、「燭影」の序章と位置づけられている）に比べ、一層巧緻であると共に一層誠が少ないようである（柴生田稔『日本の詩歌　屋上の土』中央公論社）、或いは官能性の濃いもので、頽唐の気分もあり、それだけに作品としての真実味はいくぶん薄いようである（上田三四二『鑑賞古泉千樫の秀歌』）など肯定的な評は少ない。上田三四二は同書で更に掲出歌につき、風俗歌に堕ちる危険を感じさせるとまで述べている。

しかし私は別の捉え方をしたい。掲出歌は一歩間違えば官能的、頽唐的な作に堕するところを品格ある叙情的作品に昇華させていると私は見る。

この一首に品格と美しい叙情性をもたらしたのは、「さやらさやら」の擬態語であろう。この言葉のもつ繊細でしなやかな響きが結句の「かなしかりけり」の主観句と呼応しつつ、官能性を越えたしなやかな女性の立ち居振る舞いと、別れを哀しむ千樫の姿を彷彿させているのである。終わりに「燭影」から抄出する。

燭《しよく》の火をきよき指《および》におほひつつ人はゐみけりその束《つか》のまを
夜は深し燭を続《つ》ぐとて起きし子のほのかに冷えし肌のかなしさ
うつつなくねむるおもわも見むものを相嘆きつつ一夜明けにけり

『川のほとり』『屋上の土』大3

ぬばたまの夜の海走る船の上に白きひつぎをいだきわが居り

大正三（一九一四）年一月、次女の條子が急性肺炎により生後三ヶ月で亡くなった。條子が肺炎を発症した原因は、千樫の原阿佐緒との不倫を知った妻きよの乳が悲嘆のあまり止まってしまったことだと言われている。條子の死後、千樫は自らの行動を深く悔いて次の歌を詠んだ。歌中の「をんな」は原阿佐緒、「我が逢ひし時」は前年十二月二十四日の海氣館での一夜を念頭に置いていると思われる。

をんなに我が逢ひし時かなし子のたらちねの母の乳は涸れにけり

当時は房総西線が鴨川まで開通していなかったので、千樫は海路、條子を埋葬するため小さな柩を抱いて故郷に帰った。夜更けに東京の霊岸島から乗船し、明け方に保田沖で小船に乗り換えて上陸、保田から長狭街道を馬車で郷里の吉尾村に向かったと思われる。

初句の「ぬばたまの夜」が深い暗闇をイメージさせると共に、その中でわが子の小さな白い柩を抱く千樫の姿を浮かび上がらせている。そして結句「わが居り」からは、わが子を失った千樫の深い嘆きが直に伝わってくる。

「柩を抱きて」の連作は五十七首に及ぶが、連作冒頭の「日のひかり曇りて白し走れどもひた走れどもわが路白し」や「抱《いだ》きゆく小《ち》さき柩にふるさとの朝日ほのぼのと流らふるなり」のように、茂吉の「死にたまふ母」の影響が認められる作があるのは事実である。しかし掲出歌は端正な調べといい、人の心によどみなく染みてくる叙情性といい、明らかに紛れもなく千樫独自のものである。

しみじみとはじめて吾子《あこ》をいだきたり亡きがらを今しみじみ抱《いだ》きたり
わが膝に今はいだけどたまきはる分《わ》けし命はほろびけるかも
光りつつたちまち消えし流れ星あかつきの海はいまだ暗しも

千樫は船中で悲嘆のあまり殆ど眠らず、小さな柩を抱いて過ごした。そして下船後保田から馬車で郷里の吉尾村に向かい、昼近くなりようやく生家に着いたのだった。

しんかんとまひる明るき古家《ふるいへ》ぬち小さき柩は今おかれたり

『川のほとり』『屋上の土』大3

千樫の郷里は鴨川から長狭《ながさ》街道を保田に向かい、十七キロほど山間に入った吉尾村の細野（現鴨川市細野）という集落で、現在も純農村地帯である。長狭街道を御園橋《みそのばし》のバス停近くで西に折れて、田園地帯を十分ほど歩くと緩い上り坂となるが、その坂を少し下ると右側にやや低く、千樫の生家の瓦葺きの屋根（当時は萱葺き）が見える。坂道の左側の土手の上には、古泉家の先祖代々の墓が鎮まっている。

千樫は愛児の小さな柩と共に、昼近くに生家に着き、老いた父母、妹ののぶと三千代、弟の直二郎等親族が静かに控える中、胸に抱いていた柩をようやく座敷に下ろした。結句「おかれたり」から、千樫以外の親族が置いたようにも読み取れるが、ここは柩に焦点が当たるように推敲した結果、あえて「おかれたり」としたのかも知れない。そして「今」と時間を限ったことが一層その時の厳粛さを際立たせている。

座敷に北向きに置かれた小さな白い柩。冬でも温暖な房州である。障子を開ければその小さな柩は暖かい陽ざしに包まれたことであろう。

ふるさとにわが一族にいま逢へる汝《な》が死顔のいまだうつくしも

最後の別れの場面である。初句二句の畳みかける表現から千樫の故郷や肉親への深い愛着が読み取れる。柩を開けたその時、初めてふるさとや一族に逢った愛児の死顔を「いまだうつくしも」と詠うが、そこには愛児を限りなく愛しむ気持ちと共に、千樫の深い愛郷心もまた籠められているのである。なお作中の「うつくし」は漢字で「美し」としなかったことからすると、そこには「かわいい」という意も籠められていよう。
親族一人ひとりが別れを告げた後、條子は正式な葬儀もせずにすぐに埋葬されたのであろうか。次の歌が続く。

常磐木に冬日あたたかに小鳥なくわが故郷《ふるさと》ぞ安く眠らな

『川のほとり』『屋上の土』大3

牛の子のまだいとけなき短《みじ》か角《づの》ひそかに撫《な》でて寂しきものを

掲出歌の前に「つつましく寂しきこころ厩《うまや》より牛ひき出でて庭につなげり」の一首がある。橋本徳壽の『アララギ交遊編年考・一』中の写真を見ると、当時千樫の生家は母屋の右側に厩兼隠居部屋があった（生家は昭和十四年十一月二十五日に出火全焼したので、現在の家は再建されたものである）。そこから愛児を失った心を慰めようと子牛を牽いて広いとは言えない庭に繋いだのである。

掲出歌の子牛の「まだいとけなき短《みじ》か角《づの》」からは亡くなった愛児が直ちに連想される。その短い角をひそかに撫でていると愛児を愛しむ気持ちとその愛児を失った寂しさが同時にこみあげてきたことであろう。その思いは結句の主観句「寂しきものを」に凝縮されている。

千樫の作は、結句を主観句で収める手法が他のアララギの歌人に比して際立って多い。これは初期から晩年までみられる特徴で、千樫の癖とも言える。初期作品からいくつか例を掲げる。

春浅み接骨木《にはとこ》の芽《め》のふくらみてさ青き見ればものの恋しも
あたたかに焼野の土をもたげゐるさわらびの芽のなつかしきかも
さ夜ふかく匂ひ涌きたつ池の魚の生きのいのちのかなしかりけり

これらの作から甘さや千樫短歌の一つの限界を指摘する向きもあろう。しかしこれら結句の主観句は、確かな写実に支えられていることも指摘しておかなければなるまい。掲出歌は「牛の子のまだいとけなき短《みじ》か角《づの》」という、写実による端的な把握によって主観句が活きている。主観と客観が融合一体化した佳作と言えよう。

さて條子の死が、自らの原阿佐緒との不倫に起因することを痛感した千樫は、そのことを深く悔い、阿佐緒との交際を絶った。一方、そういう苦悶と悲嘆の日日の中で、千樫は左千夫死去後の「アララギ」の編集発行を担っていた。しかしその「アララギ」の発行は遅延に遅延を重ねた。その原因として千樫生来のずぼらさを指摘する人は多く、それに関する逸話も又様々に伝えられていることも事実である。が、ここでは「アララギ」発行の遅延の背景として、千樫の実生活上の激変があったことは述べておきたい。

アララギ発行所は大正二年三月、千樫宅から斎藤茂吉宅に移った。

『川のほとり』『屋上の土』大3

桃の花くれなゐ沈むしかすがにをとめのごとき女《をみな》なりけり

「桃の花」の連作の結びの一首。一連は大伴家持の「春の苑紅にほふ桃の花下照る道に出で立つ少女」等の作の影響が明らかに見られるが、底流には一人の女性への思慕があるように思われる。そして冒頭から結びまで一つのドラマの如く、周到な構想の下に練られた一連であるのは、「合歓の花」の連作と同じである。冒頭の一首を掲げる。

桃の花遠《とほ》に照る野に一人立ちいまは悲しも安く逢はなくに

この歌から見ると思慕の対象の女性は、愛児の死去により交際を絶った原阿佐緒ではないかと思われる。一度ははっきりと交際を絶とうとしていながら、桃の花の何となく官能的な感じから再び阿佐緒への思慕の情が甦ったのであろう。下句では逢いたくてもたやすく逢えない悲しさを詠んでいる。

うつとりと桃のくれなゐ水底《みなそこ》に映りて吾れは涙ながせり
桃の花くれなゐ曇りにほやかに寂しめる子の肌のかなしき
桃の花曇りの底にさにづらひわれのこころのあせりてもとな

これら三首は明らかに阿佐緒を意識して作られたものであろう。連作は掲出歌で閉じられるが、「をとめのごとき女《をみな》なりけり」と深い詠嘆で結びながらも、あたかも潮が引くように一時の情動が静かに沈静していく感がある。連作中の他の五首にある「こころのみだれ」、「涙流せり」、「肌のかなしさ」、「あせりてもとな」等の直接的表現がないからであろう。阿佐緒への思いが深い余情と共に心に染みてくる一首である。

なお掲出歌の三句「しかすがに」は初句二句の叙景から四句結句の叙情への転換の橋渡しの役を担っているという点で、一首の中で占める位置は重い。万葉集には「梅の花散らくはいづくしかすがにこの紀の山に雪は降りつつ」などの用例があるが、千樫はこの「しかすがに」を「さびしくも群れゐる鷺かしかすがに吾が足黒く埃まみれなり」、「日のてる外を歩みきたりつしかすがに臥所《ふしど》に入りて息しづめ居り」等好んで自らの歌に取り込んでいった。

『川のほとり』『屋上の土』大3

飛ぶ蜂のつばさきらめく朝の庭たまゆら妻のはればれしけれ

「たたなづく稚柔乳《わかやはち》のほのぬくみかなしきかもよみごもりぬらし」の一首と共に「蜂」の連作を構成しているが、「たたなづく…」の一首については上田三四二の「妻以外の女性、もしくは妻を含めて千樫のこれまでの女性体験一般といったものから抽出された幻想的な歌ではないかと思う」という意見に賛成する。ただこの二首は千樫の一時の明るい気分が投影されているという点で共通する。その上で「たたなづく…」は幻想性、官能性を帯び、掲出歌は実生活に立脚しているという点で明らかな違いがあることを指摘しておきたい。

掲出歌の上句の端的な把握、分けても「つばさきらめく」の印象鮮やかな描写は、結句の「はればれしけれ」の叙情と連動し、朝影清々しい庭に立つ妻の晴れやかな姿を際立たせている。

ただここでは妻の晴れ晴れしい姿は「たまゆら」であることに注意すべきであろう。妻の晴れがましさが「たまゆら」であるからこそ、千樫の心を強く捉えたと言えるが、一方「たまゆら」の背景には、妻きよの心を癒やしがたい日日があるといったら深読みに過ぎるであろうか。

あが友の古泉千樫は貧しけれさみだれの中をあゆみゐたりき

斎藤茂吉の『赤光』中の一首である。千樫は明治四十一（一九〇八）年十月、石榑千亦の斡旋により帝国水難救済会の就職したが、生涯薄給の事務員に甘んじた。自らの貧を詠んだ「貧しさはかにもかくにも病める児を病院におき安しといはむ」、「な病みそまづしかりともわが妻子米の飯《めし》たべただにすこやかに」等の作もある。こうした貧苦の中にありながら、千樫は原阿佐緒と不倫関係に陥り、それを知った妻きよは衝撃を受け、乳が止まってしまったのだった。これが因で、次女條子が大正三（一九一四）年一月生後三ヶ月で亡くなってしまったことは既述の通りである。

掲出歌はきよの心の傷が癒えない初夏に詠まれたものと推測する。結句「はればれしけれ」の強い言い切りには、日頃の心労を一時忘れたかのように、いかにも明るく健やかそうに庭に立つ妻の姿を見た時の千樫の心から安堵、そして妻が心の平安を取り戻すことを祈る気持ちが籠められているように思われる。

『川のほとり』『屋上の土』大3

川口にせまりかがやくあぶら波音をひそむる昼のさびしさ

「海」の連作十七首中の一首。『全歌集』には大正三年の作として載っているが、年譜を見るとこの年に帰省したという記載が無いので、回想詠かもしれない。詠われた場所は故郷房州の海、もっと具体的に言えば千樫が准訓導として勤めた竹平校に近い、鴨川の海であろう。外房の海は太平洋に面しているので、概して潮流も早く荒々しい。渚に寄せる潮の轟きも波穏やかな内房の海とは対照的である。「あぶら波」は千樫の造語か。沖合で荒々しい相貌を見せていた潮が、自ずから音を収めて真夏日を照り返しながら川口に迫ってくる様が脳裏に浮かぶ。鴨川海岸で太平洋に注ぐ川は加茂川、待崎川の二河川があるが、掲出歌の「川口」は現在「茱萸《ぐみ》の葉の白くひかれる渚《なぎさ》みち牛ひとつゐて海に向き立つ」の歌碑の建つ松崎川の河口と推測される。

四句を「音のひそまる」ではなく他動詞の「音をひそむる」としたことにより、前述した動から静への潮の動きを効果的に伝えているが、結句を「昼のさびしさ」で収めてしまったことに、物足りなさや甘さを指摘する向きもあろう。ただ外房の海の荒々しさを知っている私には、それとは対照的な穏やかな相貌を見たときの千樫の感動は首肯できる。

たまきはるいのちうれしくもろ手あげうねり来る波抜きて泳げり
たかだかに寄せくる波を待ちゐつつうねりに乗りてゆくこころかな
澄みとほる海にひたりて潮ながらとこぶし食《は》めり岩をかきかき

鴨川市街から十キロほど山間に入った集落で育った千樫は、少年期に海水浴の経験など殆どなかったと考えられる。従ってこの一連は前述した竹平校に准訓導として勤務していた二十歳前後の頃の回想詠ではあるまいか。当時寄宿していた西福寺（現鴨川市竹平）ならば海岸から四キロほどしか離れて居らず、容易に海に出ることが出来る。休日には海水浴に行ったこともあったであろうし、時には天津（現鴨川市天津）あたりの岩場でとこぶしを採ったこともあったかも知れない。いずれにしろこれらの作は、青年千樫の屈託ない明るさと若若しさの横溢する魅力的な作であることは確かである。

『川のほとり』『屋上の土』大3

蠟の火の焔《ほのほ》ゆらげば陰のありしみじみとしてひとり寝をする

「独り寝」の連作中の一首。大正三年の秋の作と思われる。この年の三月にはアララギ発行所は千樫宅から茂吉方に移った。これは千樫の怠慢により「アララギ」の発行が遅延に遅延を重ねたためであった。四月には赤彦が上京し翌年の二月には「アララギ」の名義人となり、編集発行の中心を担うようになった。てきぱきと事務を処理することの不得手だった千樫にとっては、このことはむしろ作歌に力を傾注する大きな契機となったと思われる。この年には「アララギ」に百十一首を発表している。

一連は職場である帝国水難会の事務所に宿直した折の作か。この年の一月に愛児を失った嘆きは影を潜め、静かで安らいだ気分が一連に漂っている。

蠟の火をほのかにともしねもごろにわがひとり寝《ぬ》るこの夜ふけつつ

屋根すべる露の音こそかすかなれ今宵独り寝のゆかしきものを

こほろぎはいとどあまねく鳴きふけりわがひとり寝の夜半のしたしさ

今夜は当直の夜によく訪ねてくる中村憲吉も来ず、たった一人の宿直である。夜が更けて蠟の火をほのかに灯し蒲団に入ると、時折屋根をすべる露の音と蟋蟀の鳴き声が聞こえてくる。露の音と蟋蟀の声は静けさを一層印象づけている。

そうした中で掲出歌上句の端的把握は鋭い。何よりも「かげ」を「影」ではなく「陰」としたところに着目すべきであろう。私には「陰のあり」が壁か何処かに蠟の火の揺らぐ影が映るさまを言うのみとは思われず、そこに心の陰翳、言い換えれば心の微かな揺らぎをも暗示しているように思える。具体的に言えば蠟の火の揺らぎの陰に、原阿佐緒の姿がちらついていたのではないか。三句「しみじみとして」はそうした心の動きを受けた言葉であると解釈したい。橋本徳壽が『全歌集』の年譜の中で、「「独り寝」の一連は「燭影」の一連と向き合った作品だ」と述べているのは示唆的である。

千樫は独り寝の情趣を楽しんでいながら、やはり別れたはずの阿佐緒を意識していたのであろう。「燭影」中の「燭《しょく》の火をきよき指《および》におほひつつ人はゐみけりその束《つか》のまを」の一首が浮かぶ。

『川のほとり』『屋上の土』大4

わりびきの朝の電車にのるところしかすがに光る夏帽子かな

大正四年の「飛燕」の連作中の一首。作中の電車は東京の市内電車であろう。千樫はこの年の八月に本所区南二葉町から東京市外青山隠田二四番地に転居しているので、隅田川河口近くの水難救済会の事務所までこの新居から市電で通ったのかも知れない。なお大正五年における東京の市内電車の一日の乗降客数は約七十二万であったという。大正八年には百万人を超えている。このような混雑を解消するために早朝は乗車賃を割り引いたと思われる。連作中に次の作がある。

喉ぶとの汽笛諸方《しよはう》に鳴れりけり懈《たゆ》さこらへて朝の飯《いひ》はむ
みしみしと吾児《あこ》に蹠《あしうら》を踏ませけり朝起きしなの懈《たゆ》さ堪へなくに
わりびきの朝の電車にのるところ飛燕《ひえん》鳴くとも人知るべしや

連作中の三首を引いた。このうち二首の作中に「懈さ」がでてくるが、掲出歌でも千樫は寝不足による懈さに堪えながら早朝の割引電車に乗ったのではないか。三句「しかすがに」は三句から結句へ逆接的に繋ぐのみならず、千樫の心情の変化を暗示している。そして結びに懈さを一気に忘れさせるように、他の乗客の被る夏帽子が朝日にまぶしく光る様を描写している。夏の到来を実感させる「光る夏帽子」は懈さを堪えつつ電車に乗ろうとする千樫の勤労意欲を少しは喚起したのではないか。

いずれにしろこの連作のように、市井の生活者としての日常を実直に詠むという点において、当時のアララギの作者の中では先駆けていたことは確かであろう。これは千樫が早くから田山花袋等の作品に傾倒し(橋本徳壽『古泉千樫とその歌』)、自然主義の影響を強く受けていたことによるものだ。斎藤茂吉は「千樫君は僕等アララギに集まつた青年のうちでは、最も早く自然主義の運動などに耳を傾け、最も早くさういふ書物を読み、作歌のうへでも最も早くさういふ影響を受けた一人である」(大正十四年「アララギ」第十八巻七号)と述べている。

自然主義は都会の一介の生活者としての千樫の作品に新しい展開をもたらす土台となったのである。

『川のほとり』『屋上の土』大4

雑然《ざつぜん》と鷺は群れつつおのがじしあなやるせなきすがたなりけり

　千樫前半の歌業の中で最もよく知られた一首であろう。東京の小石川伝通院の境内の一隅に掲出歌を刻んだ歌碑が建てられている。橋本徳壽の『古泉千樫とその歌』によれば、掲出歌は小石川の伊達家の庭の池に鷺が巣くっているという話を聞き、毎日何回となく情景を観察しに通った上で出来た歌だという。初句「雑然と」は深い写生を通して得た独自の把握であり、決して安易な言葉ではない。それは下句の「あなやるせなき」についてもはっきりと言えることだ。

「鷺」の一連につき、上田三四二は特に「鷺の群かずかぎりなき鷺のむれ騒然《さうぜん》として寂しきものを」を挙げて、情景ではなく主観で、イメージよりは調子で押し切っているところがあると述べた上で、充分に成功した作とは言えないようであると総括している（『鑑賞古泉千樫の秀歌』）。果たしてそうであろうか。

「鷺の群…」の作と掲出歌は結句に主観句を据えたところが共通するが、徳壽はこの二作につき、「主観客観渾然と融合した佳作と言うべきだ」（『古泉千樫とその歌』）と述べ、同じく門人の大熊長次郎は鷺のいのちを摑んだ歌だ（『晩縁記』）と述べている。千樫が鷺を何日も観察した結果得た句が「やるせなき」なのであり、それは千樫の内面を自ずから照射している。更に言えば、千樫の実生活上の労苦がこの一語に凝縮しているのである。

千樫の歌に主観句が多用されていることは事実である。しかしそこに至るまでには深い写生の道程があることを知るべきであろう。

千樫は徳壽等門人に「何を措いても克明なる写生の勉強を十年しろ」、「写生による以外に現象の核心を摑むことは不可能だ」と言ったという。決して写生を軽んじているわけではないのである。

以下「鷺」の一連から引く。いずれも千樫独自の眼に支えられた作だ。

物おぞく鷺は群れ居り細長き木のことごとに鷺の巣の見ゆ
闇ふかく鷺とびわたりたまゆらに影は見えけり星の下びに
かすかなる星の下びをつぎつぎに飛び行く鷺の見えつつもとな

『川のほとり』『屋上の土』大4

秋の稲田はじめて吾が児に見せにつつ吾れの眼《まなこ》に涙たまるも

「郊外」の連作の冒頭の一首。掲出歌の次に「代々木の草はら中の小さき池水青くして秋ふかみけり」の一首があるから、掲出歌の稲田は、青山の千樫の自宅から徒歩で三十分ほど西に下った代々木あたりにあった稲田であろう。今の明治神宮から代々木公園あたりは、練兵場ともなっていたが、連作中に「秋晴るるこの原なかの小さき池子らはひそかに来り泳げり」の一首があるように、まだ小さな沼があちこちにあり、水田も広がっていたと思われる。

秋晴れのある日、千樫はわが子と共に代々木の原に散歩に出かけた。初句の破調と小休止により、一面に色づく稲田が眼前に広がる。その収穫間近の色づいた稲田を初めてわが子に見せながら、千樫の眼には自ずから涙が溜まるのであった。

今頃は故郷の生家の周囲の田も稲穂が一斉に実り、収穫の時期を迎えているであろう。そして父も母も朝から忙しく働いていることであろう。本当ならば長男である自分は、父母と共に収穫に汗を流さなければならない立場だ。しかし自分は父母の期待を裏切って継ぐべき家を捨て、今はこうして東京で貧しく暮らしている。父母の働く姿を思い浮かべながら、千樫は望郷の念を募らせると共に、故郷を捨てたことに深い悔悟と自責の念を覚えたのだった。結句の涙は望郷の涙のみではない。

千樫はこの望郷と故郷を捨てたことへの自責の念のない交ぜになった感情を生涯持ち続けたと思われる。後年の作から四首を掲げる。

ほとほとに身の貧しさにありわびてわがふる里を思ふこと多し
秋ふかみわが父母は老いながらせはしかるべしわれは遊ぶに
遠くゐて悔いざらめやもちちのみの父のいのちの何《なん》ぞすみやけき
かへり来て家ゐつぐべき我なれやおこたり多く年ふりにけり

千樫の生家の在る鴨川市の細野は、今でも良質米を産する純農村地帯であり、秋の収穫期を迎えると、黄に色づいた稲穂が嶺岡山の麓に一面に広がる光景は、掲出歌が詠まれた百年前と殆ど変わっていない。

『屋上の土』大5

下総の節《たかし》は悲し三十まり七つを生きて妻まかず逝きし

「節一周忌」と題する連作中の一首。長塚節が逝ったのは大正四年二月八日、三十七歳であった。旅先で咽頭結核が悪化して入院、そのまま九州大学病院で亡くなったのである。

節は千樫より七歳年長で、初めて会ったのは明治四十年五月十二日に海路上京して伊藤左千夫を訪ね、そのまま左千夫宅に十六日まで泊めてもらった間であった。以後、節は千樫にとり生涯よき先輩であり、様々によい影響を受けた（橋本徳壽『古泉千樫とその歌』）。千樫は兄事した節を慰霊しその歌業を顕彰すべく、節の死後の大正六年、『長塚節歌集』（春陽堂）を出版している。

掲出歌はまず「節は悲し」と主観を打ち出し、三句以下で「悲し」の理由を詠うという構成になっている。「妻まかず逝きし」には千樫の節への深い同情と哀悼の意がこもる。字余りの破調は内面の情がそのまま口を衝いて出たような感があり、千樫の思いの深さを強調している。

節には山川村山王（現茨城県結城市）の医師の娘、黒田照子という婚約者がいたが、咽頭結核が悪化したためにやむなく自ら婚約を解消したのであった。しかしその後も照子への思いは深く、晩年に次のような歌を残している。

いまにして人はすべなし鴨跖草《つゆくさ》の夕さく花を求むるが如

つゆ草の花を思へばうなかぶし我には見えし其の人おもほゆ

貧しいとは言え、相思相愛の人と連れ添うことが出来た千樫にとって、自らの病の為、断腸の思いで恋人との交際を断ち、独身のまま若くして亡くなった節の不遇は、自らの境遇と引き比べて、深い同情を禁じ得なかったに違いない。「悲し」にはこうした千樫の思いが籠められている。

不知火筑紫にいゆき一人死にけりこころ妻持ちて悲しくひとり死にけり

千樫は連作中で、旋頭歌をもって節の死を悼んでいる。「ひとり」の反復からその哀悼の意の深さが知られよう。

訓練のあとすさまじき雪の野に雨降りそそぐ宵ふけにつつ

『川のほとり』『屋上の土』大5

「雨降る」の連作中の一首。三句の「野」は青山の千樫の家からほど近い代々木練兵場を言う。訓練のあとの広い練兵場に雪を蹴散らすように轍や足跡などが入り乱れて残り、荒涼とした光景が広がっている様を「すさまじき」と形容した。千樫はその荒涼とした雪野に雨が降り注いでいる様を凝然と独り見つめているのだ。その姿からは今までの作には見られなかった心の張りと強い意志の姿勢を感じる。ただ結句で「宵ふけにつつ」と情緒に流されてしまった感があるのは惜しまれる。橋本徳壽は一連中の「ひとり立つわが傘にふる雨の音野にみちひびく夜《よる》の雨のおと」を挙げ、「この一気に直線的に太く歌い下したしらべの結びとして『夜《よる》の雨のおと』は少しく弱い。然しそこで何となくおのれに立ちもどってくるようなうるほひこそ、千樫の持ち味である」と述べている。掲出歌にも同じようなことが言える。強く張り切ったまま一気に詠み下さず、叙情的に収めてしまうのが、良くも悪しくも千樫流と言えるのであろう。

なお千樫は、この四句切れを経て結句を「につつ」で結ぶ手法を「ひとり身の心そぞろに思ひ立ちこの夜梅煮るさ夜ふけにつつ」や「杉並木暗き旧道《きうだう》行き行きて新道《しんだう》を帰る宵ふけにつつ」等好んで用いているが、これは多くの用例のある万葉集から学んだものであろう。

いずれにしろ掲出歌からは、生活上でも作歌の上でも独り困難に立ち向かって新たな地平を切り開いていこうという強い意志が窺われる。

雪の上にぬばたまの夜の雨そそぐ代々木が原をもとほる吾れは
ぬばたまのよるの雪原青白み雨ふりやまずわれひとり立つ
しんとして夜の雨野《あまの》に立ちゐつつ縦横無礙《じゆうわうむげ》の力を感ず

一連から三首を引いたが、共通するのは掲出歌と同じく強い心の張りである。一連で引用歌のみならず、「ひとり」が三度使われていることにも着目したい。

当時千樫は三十歳、実生活では貧しいながらも一家を支え、作歌上では茂吉や赤彦等と共にアララギを牽引していこうという自覚がこうした新しい歌境を拓いたのであろう。この頃千樫の作歌活動は一つのピークを迎えていた。

『屋上の土』大5

ゆく船のめてに生《あ》れたる島一つくれなゐにじみ桃咲けり見ゆ

大正五（一九一六）年五月一日発行の「アララギ」第九巻五号に島木赤彦の執筆した編集所便に「古泉千樫君、四国九州漫遊一ヶ月にして帰京。来月は作歌沢山発表可致候」とある。さらに千樫の「徳島で」の表題の付された四月一日付の赤彦宛書簡も載っている。それらを総合すると、千樫は三月下旬に東京を発ち、四月五日夜に徳島に着、その後九州に赴き四月二十四、五日頃に帰京したと思われる。大凡一ヶ月の長旅である。然し職場でこんな長期休暇を認めるとは考えにくいから、おそらく出張を兼ねていたのだろう。『全歌集』の年譜によれば、「四月には九州小倉に公務出張した」とある。

掲出歌を含む「島の桃」の連作は瀬戸内海の船旅を詠んでいる。

春の雨ふりてしづけし瀬戸の海の水おぼろかにささ濁り見ゆ

見慣れた外房の海の男性的な荒々しさとは違い、ひったりとして「おぼろかにささ濁る」瀬戸内海の海は千樫の眼にいかにも新鮮に映ったことであろう。

船が凪ぐ海を滑るように進んでゆくと、右手に一つ小島が現れる。その島は折しも桃の花盛りで島肌の至る所を薄紅色に染めている。その光景を端的に表した「くれなゐにじみ」から日本画を見ているような美しい光景が目に浮かび、更には結句を「咲けり見ゆ」として、句中で句切れにしたことが「見ゆ」を強調し、一層その美しさを印象づけている。

島山の桃のくれなゐ近く見えわが船すすむ春雨のなかを
見るかぎり波さへ立たず桃の花匂ふ小島もいまは遠しも
旅ゆくと桃の花さく島山をともしみすれど告《つ》ぐべくもあらず

眼前に展開する美しい光景も船が進むにつれていつしか視界を過ぎた。春雨の中に見えなくなった今でもその桃の花咲く小島に心惹かれるのだが、その思いは人に告げるべきことでもないと詠う。ここまで読み進めると筆者には、桃の花の一連からひとりの女性への思慕の情が垣間見えてくる。

『川のほとり』『屋上の土』大5

炎天のひかり明るき街路樹を馬かじりをり人はあらなく

掲出歌の直前に「まひる日《ひ》にさいなまれつつ匂ひけりやや赤ばめる紫陽花のはな」の一首があるから季節は初夏、通勤時の属目を詠んだ作であろう。千樫は馬車を引いた後の休憩時か、鋪道の脇に繋がれた馬車馬が、真夏日を照り反す街路樹の皮を無心にかじっている光景を目にする。結句の「人はあらなく」は一見蛇足の感があるが、四句に焦点を当てる上で効果的である。その「馬かじりをり」の生々しい表現は、馬の強い生存欲を強調しており、皮をかじる音まで聞こえてきそうだ。

日盛りの街樹のかはをかじり居《を》る馬の歯白くあらはに光る
街頭に馬がかじれるすずかけの木肌《こはだ》か青く昼のさぶしさ

掲出歌と同じ「紫陽花」の連作中の一首であるが、ここでも「かじる」が使われている。筆者はこの馬の飽くなき生存欲を実感させる言葉は、作者千樫自身の何かを渇望する満たされない内面の投影と見る。それは今後の人生への積極的な意志の姿勢と表裏一体と言って良い。『全歌集』中の年譜によれば、この連作が成った大正五年三月に三女小夜子が生まれた。そしてこの年あたりから翌年、翌々年にかけて作歌意欲愈々旺盛で、また万葉集を始めとする古典研究にも力を注いだ。三月下旬から一ヶ月の長旅にも出かけているから、健康上でも問題はなかったと思われる。「紫陽花」の一連はまさしく千樫の人生の一つの充実期を迎えた中で詠まれたのである。

体中《たいぢゅう》にしとど汗ばみこころよく空気のかわく町をわが行く

一連の冒頭の一首である。この一首からは暗い影は微塵も感じられず、初夏の清々しい空気の中を颯爽と歩いて行く千樫の姿が彷彿される。この翳りのなさはこの連作にほぼ一貫しており、それは翌年の「転居」あたりから顕著にみられる自らの貧をテーマにした一連とは対照的である。

さびしくも夕照る池の水かげに生きゐる魚のむれ喘《あへ》ぐ見ゆ

『川のほとり』『屋上の土』大5

「死に行く魚」の連作の結びの一首。一連暑さと酸欠により、養魚池の魚が大量死してゆく様を詠んでいる。当時誰も詠んだことのない新しい歌材であり、それはあらたな歌境を拓いてゆこうという千樫の意志の姿勢がなさしめた一連とも言える。上田三四二は土屋文明の「こういう題材を取りあげることは、やはり周囲の誰も気づかなかった所で、千樫の生活があり、千樫の生活に対する態度があって初めて取り上げられたもののように思う」（『古泉千樫歌集』解説）という言葉を紹介している（『鑑賞古泉千樫の秀歌』）。

汐にがく沸き立つ池の魚のむれ堪へがてぬかも浮びいでつつ
養魚池のひでりの水のにごり波むれ浮ぶ魚のうろこの光
ひろびろと夕さざ波の立つなべに死魚《しぎょ》かたよりて白く光れり

陰鬱で目を背けたくなるような光景は、千樫の内面の一方を暗示しているようにも思える。いずれにしろこの一連に共通する冷静な自然観照は何と言っても自然主義の影響が大きい。柴生田稔は「死に行く魚」の一連について「つまりここには、千樫の自然主義的教養が、最も正常に実を結んだ姿が見られるわけである」（『日本の詩歌』）と述べている。

掲出歌は養魚池の魚が殆ど死んだ後、辛うじて生き残っている魚の様子を活写しているが、結句の「むれ喘ぐ見ゆ」は、この魚らのやがて来たるべき死を暗示している。こうして余韻を含んで連作を結んでいる点、巧みな作品配置と言うべきであろう。「死に行く魚」の一連の次に「鼠」、「深夜の川口」などの一連が続く。

真夏日のひき潮どきの泥の上にあなけうとくも群れゐる鼠　（鼠）

この深夜潮涸《そこり》の上にあかあかとかんてらともり人のゐる見ゆ　（深夜の川口）

これも当時のアララギの歌人が誰も詠まなかった光景である。自然主義的素養がこうした新しい作を生み出したのである。

『川のほとり』『屋上の土』大6

この国の冬日あたたかし然れどもかの山かげはすでにかげれり

大正六（一九一七）年十一月、千樫は祖母が亡くなったため七歳の長女葉子を伴って帰省した。この時を詠んだ一連が掲出歌を含む「児を伴ひて郷に帰る」の大作六十二首である。この連作はさらに七部に分けられ、それぞれに表題が付されている。掲出歌は「ここにして俥《くるま》あらねば夜道《よみち》かけわれと吾が児と徒歩《かち》行かむとす」で始まる「夕かげ」の一連中の一首である。

千樫は長女葉子と共に東京の隅田川河口近くの霊岸島から海路房州保田に着いたと思われる。この年の八月には房総西線が保田から一駅先の安房勝山まで延伸開業していたが、汽車で保田に着いたという形跡は、少なくとも作品からは見られない。

保田からは徒歩で郷里の吉尾村に向かった。坂道を幾つも越える大凡十七キロの道のりである。現在この道を長狭街道と通称するが、この内房の保田から外房の鴨川に至る二十七キロの道路は、道幅は広がり舗装はされたものの、雰囲気はこの一連の詠まれた百年前とそう変わってはいない。特に保田から山間に入り十キロほどは、猿が道を横切り夜は鹿や猪が跋扈するという具合である。

初冬でも尚日差し暖かな房州。千樫はそれを「この国の冬日あたたかし」と端的に詠う。故郷への愛着が窺われる言葉だ。そして「然れども」を挟んで一転、下句では道中への不安な心情を詠う。保田で下船し田園地帯を暫く歩むと、低いが起伏に富んだ山々が見える。振り向けば海は午後の日にきらきら耀いているが、これから小さな娘を連れて分け入る山かげの道は、もう日が翳っている。結句の「すでにかげれり」には、これから七歳の小さな娘を連れて山峡の長い道のりを歩かなければならない不安と心細さが籠もる。

山峡《やまがひ》に道入らむとすかへり見れば海きららかに午後の日照れり

掲出歌に続くこの歌も二句切れを経て場面を一転させるという点で、同じ構成をとる。その際、三句の働きが重要であることは言うまでもない。この三句を挟んで掲出歌は明から暗へ、この一首は暗から明へ場面が大きく展開する。どちらも印象鮮やかな一首である。

わが児よ父がうまれしこの国の海のひかりをしまし立ち見よ

『川のほとり』『屋上の土』大6

「夕かげ」の一連の一首。わが子と共に郷里に向かって、既に日翳る山峡の道を歩もうとするとき、振り返ると海が午後の日にきらきらと美しく耀いている。娘の葉子が房州の父の生家に向かったのはこの時が初めてであった。初めて見る父の故郷の海、その美しさを確り目裏に留めて欲しい。父の願いはそのまま娘に語りかけるかたちをとって詠われている。初句の「わが児よ」の破調からは、小さな娘を包むような父千樫の愛情が伝わってくる。掲出歌の「海」は内房の海である。荒れることが少ない晩秋から初冬の海は、一年の中でもとりわけ美しく見える。午後の日に耀く海の向こうには、三浦半島や伊豆半島、そしてその上には頂に雪を被いた富士山も見えていたことであろう。

「夕かげ」の一連は十八首に及ぶが、一首毎に道中の印象的な場面が切り取られ、それが流れるように次次に展開してゆく。あたかも一つのドラマを見ているような感がある。

五百重山《いほへやま》夕かげりきて道寒《さむ》ししくしくと子は泣きいでにけり
をさなごの手をとり歩む道のへにみそさざい飛び日は暮れむとす
荷車に吾児《あこ》のせくれし山人もここの小みちに別れむとすも
山の上に月は出でたり汝《な》が知れるかのよき歌をうたひつつ行かむ

日暮れが近づき山峡の道が次第に暗くなってくると、幼子が心細さにしくしくと泣き始める。そんな時に後ろから近づいてきた人が、自分の引く荷車に幼子を乗せてくれたのだった。幼子のほっとした笑顔が目に見えるようだ。その親切な土地人とも途中で別れる頃、日もすっかり落ちて山間の道の空には早月が昇っている。月明かりの道を千樫父子は手を繋ぎながらどんな歌を唄いながら歩いたのだろうか。一連どの歌もわが子への愛情が通っており心が和む。

既述の通り、保田から吉尾村の生家まではほぼ十七キロ。幼子を伴っての道中であるからまず五時間はかかったであろう。山峡の道を抜け、金束《こづか》、大山あたりに差し掛かると前方に月光に照らされながら水田が広がってくる。こうなれば吉尾村の生家までわずかだ。幼子を励ましながら歩む千樫の姿が目に浮かぶ。

『川のほとり』『屋上の土』大6

群れゐつつ鵯《ひよどり》なけりほろほろとせんだんの実のこぼれけるかも

夜遅く漸く生家に帰った翌朝、父母と久し振りに朝の食卓を囲む。庭を隔てた南側のやや小高いところに立つ栴檀の木に、鵯の群れが飛んできてしきりに啼いている。栴檀は古名で「楝」という落葉高木で、主に暖地に自生する。鵯は留鳥で晩秋から春にかけて、山間部から農村や市街地に群れを作って降りてくる。時には畑の農作物を食い荒らすために害鳥として駆除の対象ともなっている。そのうるさく甲高い声は決して美しいとは言えないが、この鳥の声が聞こえると冬が近づいたことを実感する。緑豊かな房州の山間部は営巣地に適しているのか、この鵯を何処でもよく見かける。

ちちははと朝食《あさげ》し居ればわが耳に透りてひびくひよどりの声

千樫はこの鵯の声を聞いたとき、故郷に帰ってきたことを実感したことであろう。

掲出歌は初句二句と三句以降は全く別のことがらが詠われている。即ち二句までは聴覚、三句以降は視覚による描写であり、一見単純化が為されていないようにも見える。しかし、この一首を読む時、読者は二句と三句の間に「ふと見ると」という言葉を自然に補っているから、一首がばらばらという感じは全くない。言うなれば読者もいつしか千樫の心の動きに合わせて、鵯の声に促されるようにふと栴檀の木に目を遣り、その実がほろほろと落ちるところに目を止めているのである。

掲出歌は、三句の「ほろほろと」の擬態語により生動している。枝に残る黄色く熟した栴檀の実、この実を鵯が群れをなし啄むに来るのである。朝の静寂を破るような鋭い声で頻りに啼きながら実を啄む鵯、啄まれつつもろくも地に落ちるあまたの実、そして背景の澄む青空。「ほろほろと」の一語は読者にいろいろな場面を想像させる。のみならずこの言葉の持つ柔らかい語感は、千樫が久し振りの故郷で心から安らいでいるさまも想起させる。結句の「けるかも」は千樫の常套句で、掲出歌の場合やや大仰な感がしなくもないが、栴檀の実がこぼれるさまに焦点を当てるという点では効いていよう。

古里のここに眠れる吾子《あこ》が墓にその子の姉といまうでたり

『川のほとり』『屋上の土』大6

小題「明るき空」中の一首。歌中の「吾子」は大正三（一九一四）年一月に生後三ヶ月で亡くなった次女條子である。條子は既述の通り房州吉尾村の千樫の生家の墓に埋葬された。その條子の墓に久し振りに葉子と共に詣でたのである。條子の墓は当然古泉家の墓地の何処かにあるはずであるが、筆者が過日詣でた時は、苔むした房州石の小さな墓の並ぶ中で、どれが條子の墓かは分からなかった。

掲出歌の三句「吾子《あこ》が墓に」の破調は、千樫の感情の気息と一体化しているような趣がある。すなわち結句の「いま」と相俟って、久し振りに愛しいわが子の墓に詣でることの出来た安堵感がこの破調から、読む者の心に深く染みてくるのである。これは例えば「子が墓に」と定型にした場合と比べてみれば、その違いは明らかである。條子の小さな墓の前にしゃがんで手を合わせる千樫、その隣りに小さな手を合わせている葉子の姿が目に浮かぶ。

ところで千樫の墓は、現在東京小石川の伝通院と生家の二カ所在る。このうち伝通院の墓は昭和七年の千樫七回忌の際、生家の墓から分骨して建てられたものと聞いている。いずれにしろ泉下の千樫は條子の隣にずっと添いつづけることができ、喜んでいるのではないか。「明るき空」は、わが子と共に故郷に帰ってきた安らぎがどの歌からも窺われ、心が和む一連である。

密柑山にわが児ともなひ木の杪《うれ》に残る蜜柑をもぎてやるかも
子をつれて小川のふちを歩みつつ竹村に入りぬ明るき竹村
日のぬくき小川のふちの草の上にわが児と二人蜜柑たべ居り

千樫の生家の周囲は今も純農村地域であり、詠われている小川もそのほとりの竹林も今も殆ど変わらずに在るし、冬になれば夏みかんがあちこちの山に黄に実る。そして千樫が條子を埋葬するその日に「山桃の暗緑の木ぬれ流らふる光りかなしき墓に立ちけり」と詠んだ山桃の木は、百年後の今は大きく育ち、その濃緑の葉は日を遮るように、千樫と條子の墓の上近くまで覆っている。

『川のほとり』『屋上の土』大6

大きなる藁ぶき屋根にふる雨のしづくの音《おと》のよろしかりけり

「雨の一日」の一連の一首。一連に「ふる里に二夜眠れるこのあした雨しととしととふりいでにけり」の一首があるから、掲出歌は帰郷して三日目の朝を詠んだ作である。千樫の生家は大正六年当時、南向きに藁葺きの母屋一棟、その斜め右には西を向いて藁葺きの厩兼隠居部屋一棟があった。

朝目覚めると藁葺き屋根に降る雨の音が聞こえる。その音は東京の家では聞くことが出来ない、本当に久し振りに聞く音だ。東京で俗塵にまみれながら日々を生きている自分の身も心も癒やしてくれるような、故郷ならではのその音、寝ながらにしてその音を聞きつつ、千樫の心は安らぎで満たされたことであろう。三句四句の畳みかける表現を結句の深い詠嘆で結ぶ手法はこうした思いを伝えて効果的である。なお、四句「しづくの音」は藁葺き屋根に降った雨が、庭土に雫して落ちる音とも解釈できるが、私はやはり藁葺き屋根に降る雨の音を詠んだものと受け止めたい。一連中の作を掲げる。

のびのびと朝の縁《えん》に立ち門畑の麦の芽にふる雨を見にけり
ふる里の雨しづかなり母も吾《あ》も悲しきことは今日はかたらず
斯くしつつ幾日とどまるわれならむ麦の芽ぬらす雨の静けさ

どの歌からも久久の帰郷に、心から癒やされている千樫の姿が浮かぶ。
なお、この一連につき橋本徳壽は「表現技巧からみても、平凡中の平凡な歌である」と述べた上で、「この平凡のなかにつつまれている滋味、温雅、円融の相を見よ」と述べている（『古泉千樫とその歌』）。この評言は、千樫の作の初期から晩年まで一貫する特色をよく言い得ているのではないか。千樫の歌は、直接人の感性を刺激するような鋭さはない。平淡さの中の滋味、人の心を包むような温雅さこそ、同時代の茂吉や赤彦にはない千樫短歌の際だった特徴と言って良い。そしてこうした千樫の作の土壌となったものは、茂吉、赤彦を育んだ東北や信州の厳しい風土とは対照的な、地震以外の災害も殆どなく、冬も温暖な故郷房州の風土であったと思う。

風吹きて海かがやけりふるさとに七夜《ななよ》は寝《い》ねて今日去らむとす

『川のほとり』『屋上の土』大6

「風吹く日」の連作中の一首。千樫は生家で七泊して帰郷の途についた。吉尾村の生家から徒歩で十分ほどの長狭街道に出てそこから馬車で保田方面に向かったであろう。掲出歌の次に「馬車おりて吾児の手をとり歩みけり沖つ風吹く崖の上の道」とあるから保田で下車し、葉子と共に徒歩で金谷に向かったと思われる。当時は鉄道も保田まで延びていたから汽車を利用することも出来たのだが、どうしてそうしなかったのかははっきりとわからない。いずれにしろ安房と上総の境に屹立する標高三二九メートルの鋸山が急傾斜して浦賀水道に落ち込む明鐘岬を縫うようにして続く崖上の道を、葉子の手を取りながら歩いて行ったことは間違いない。

崖上の道を歩んでいく左手には、西風に騒立ちながら午後の日に耀く海が広がっている。このぼう漠たる景を「風吹きて海かがやけり」と端的に表現したところに千樫の確かな力量を見る。

千樫の目の前には故郷房州の海が広がっている。しかし岬の先端に出て曲がればそこは上総の国である。結句には故郷を後にしなければならない寂しさが籠められている。

安房は鋸山から清澄山に至る長大な山嶺により、上総と隔たっている。吾々房州に住む人間は今でも鋸山を越えると、そこはもう他郷であると実感する。掲出歌で詠われる千樫の思いは、房州に住む人ならば多くの人が共有できるところであろう。一連には次の作がある。

崖たかみ外洋《ぐわいよう》青く晴れわたりさうさうとして風吹きやまず
いくほどをわれら歩みしあをあをと潮騒光る崖の上の道

明鐘岬の下に広がる内房の海は、東京湾の外湾に属するから「外洋」は正確ではない。しかし南に大きく広がっているので、実際の景は外洋に等しい。この明鐘岬から直線で大凡二十キロ先の洲崎を過ぎれば、もうそこは黒潮寄せる太平洋である。

崖上の道を一時間ほど歩き金谷に着いてから、汽車で帰京したか船便を選んだか、これもまた明らかではない。

『川のほとり』『屋上の土』大6

移るべき家をもとめてきさらぎの埃《ほこり》あみつつ妻とあゆめり

大正六年当時、千樫は東京市外青山穏田二四番地に住んでいた。この家は平福百穂宅の隣家で、大正四年八月にここに転居できたのは、百穂の厚意によるものと思われる。

しかしどういう事情があったのか引越することを決め、転居先を探して東京の雑踏を妻と歩き回るのであった。折から季節は二月、寒風がまだ舗装もされていない道の微塵を巻き上げる。その埃を浴びながら妻と歩む千樫。傍らの妻もいかにも生活に疲れた風で、まだ四十二歳なのに髪や表情に老の兆しさえ見え始めている。掲出歌を含む「転居」の一連に次の作がある。

きさらぎのあかるき街をならび行き老いづく妻を見るが寂しさ

掲出歌中の二人の姿は富者とは対照的でいかにもうら寂しくみすぼらしい。自らの貧の自覚がこうした歌をなさしめたのであり、これは高学歴で社会的地位にも恵まれた茂吉、赤彦、憲吉ら当時の主なアララギの作者には見られない作であった。

茂吉は「あが友の古泉千樫は貧しけれさみだれの中をあゆみゐたりき」と詠んだ。帝国水難救済会の一介の事務員であった千樫は、職業人として日の当たる所を歩むことなく、貧しい生活に甘んじたまま生涯を終えたのである。

掲出歌を読むと、埃立つ道を老の兆す妻と共に遠ざかっていく寂しい後ろ姿が見えてくる。千樫は転居先を探し歩いた末、この年の二月に東京市青山南町六ノ一〇八（現在の渋谷区青山南）に転居した。二十三歳で上京して以来五度目の転居であった。

同じ一連中に次の作がある。

いくたびか家は移れる崖《がけ》したの長屋がうちに今日は移れる

裏に高い崖を背負った、門も何もない古ぼけた粗末な二軒長屋であった（橋本徳壽『古泉千樫とその歌』）。以来、千樫はこの家を安住の地として住み続け、昭和二（一九二七）年に亡くなるまでどこにも越すことはなかった。

ゆく水のすべて過ぎぬと思ひつつあはれふたたび相見つるかも

『川のほとり』『屋上の土』大6

淀みのない流れるような調べと恋の詠嘆が一体となって味わい深い一首となっている。「逝く水の」は「過ぎぬ」を導く序詞である。千樫が序詞を多用したことは前述したとおりであるが、掲出歌でもこの序詞がしみじみとした情感を醸し出している。

さて再び逢った女性は原阿佐緒と考えられる。千樫は阿佐緒との交わりを大正三（一九一四）年三月以後一旦絶った。これは同年一月の娘條子の死が、自らの不倫が因であることを痛感したからである。

それから大凡三年後、小野勝美『原阿佐緒の生涯』の末尾の年譜によれば、阿佐緒は大正六（一九一七）年二月、郷里の宮城県黒川郡宮床村から上京し、本郷の克誠堂書店の事務員となり、半年後の九月に夫庄子勇のもとへ帰った。おそらくこの間に千樫と阿佐緒は再会したのであろう。その伏線として掲出歌を含む「朴の花」の一連に先立ち、「街ゆけば芽立《めだち》の光りうらがなし人のたよりのつひに来らず」、「別れては遙けきものか新芽立つちまたを一人今日も歩める」の二首がある。その内容から推測すれば掲出歌に至る前に千樫と阿佐緒の間に手紙のやりとりがあり、その後再会したと思われる。

はかなかる逢ひなりながらほのぼのとなごりこひしき朴の木の花

掲出歌と同じ「朴の花」の一連中の一首である。朴の木は五月か六月頃に径十五センチほどの白い花を咲かせる。その清純な朴の白花にことよせて、阿佐緒への思いを詠んだのがこの一首である。「なごりこひしき」に千樫の思いが凝縮されている。

まがなしむもののあまたにわかれけりひとりゆかむにわれは堪へぬに

この再会により再び呼び覚まされた阿佐緒への思慕の情は千樫を苦しめた。しかしこうした千樫の思いとは裏腹に、この頃阿佐緒は人生上の一つの転機を迎えていた。前述した『原阿佐緒の生涯』の年譜には「九月、異常妊娠のため帰郷。東北帝国大学で入院手術。この時の手術がもとで不妊の身となる。十二月、石原純と相知る」とある。

『川のほとり』『屋上の土』大6

潜《かづ》きして今し出で来《き》し蜑《あま》をとめ顔をふきつつ焚火にあたる

大正六年の「暴風雨の跡」の連作中の一首。「安房布良に赴きて」の詞書が付されている。布良（現館山市布良）は外洋に面する房総半島の南端の漁村で、当時は海女による素潜り漁が盛んであった。布良はまた多くの文人や画家が訪れている風光明媚な地である。若山牧水は明治四十年と四十二年の二度この地を訪れ、隣の根本海岸での作を合わせると百五十首に及ぶ歌を詠んでいる。また青木繁が「海の幸」を描いたのもこの布良の地であると言われている。

千樫がいつ布良の地を訪れたかは判然としないが、この連作を発表した大正六年の九月に訪れたと考えるのが自然と思われる。因みに連作中に「大木《たいぼく》の根こそぎたふれし道のべにすがれて赤き曼珠沙華の花」の一首がある。千樫が布良を訪れた日は、台風が大きな被害をもたらして過ぎ去ってから間もない日であったらしい。

うち倒れし家並《いへなみ》見つつ吾が来れば海女《あま》らははだかに焚火して居り

海女は言うまでも無く海に潜って鮑や栄螺を採る女性を言い、男性の場合は海士と書く。どちらも白浜が圧倒的に多く、当時は千倉や布良にも数多くの海女がいた。布良を訪れた日の翌朝、千樫は台風で無惨に倒壊した家並の間の道を降りて海に出た。おそらく漁港近くの磯であろう。台風の余波で荒れているのも厭わず潜ってきた海女たちが、裸で焚火を囲んでいる。海女は潜って海から上がると、すぐ焚火を囲み冷えた体を暖めるのが習慣である。掲出歌はひと潜りを終えて、大きな鮑や栄螺を魚籠に入れて戻ってきた若い海女の生き生きとした姿が活写されている。海女特有の、房州訛りの大きな声が聞こえてくるようだ。千樫は顔をふきながら焚火にあたるそのさりげない仕草にも、常に厳しい自然と対峙しながら生きる海女のたくましさを認めたことであろう。そうした思いは掲出歌に並ぶ次の歌にはっきりと現れている。

かくのごと荒れたる海にまた直《ただ》に命《いのち》したしみいさりするかも

海女は一旦焚火をして休んだ後、再び余波の収まらない海に臆せず漁に出かけて行くのだった。結句には海女達のたくましく生きる姿への感動が籠められている。

『川のほとり』『屋上の土』大6

乳牛《ちちうし》の体《たい》のとがりのおのづからいつくしくしてあはれなりけり

「牛」の連作は六十八首からなり、それがさらに八つの区分されそれぞれに小題が付されている。この連作は特定の時期に詠まれたのではなく、歌中の季節も一定していないことから「むしろこれまで蓄えてきた牛に関するスケッチの総仕上げの意味を持つものではないかと思う」という上田三四二の見解（『鑑賞古泉千樫の秀歌』）に賛成する。

千樫の郷里には我が国の酪農の発祥地である嶺岡牧場があり、吉尾村では多くの家が米作と共に酪農に携わっていた。二十歳前後の作と思われる「朝な朝な牛を牽き飼《ひか》ふみちのべの小草《をぐさ》の露《つゆ》の寒きこのごろ」の一首からは、千樫の家でも何頭か牛を飼っており、自身も少年期から父を手伝って牛の世話をしていたことが窺われる。千樫は牛が好きだった。大正十三（一九二四）年十月、結核の療養のため帰郷した千樫は、十月二十二日付の弟子の鈴木杏村宛ての書簡で「今年は牛がうちに居らぬので困ります。牛の居る時は牛さへ見て居れば小生には退屈といふことがなかつたのです」と述べている。連作「牛」の始めの小題「冬晴」中の作には、牛に親しむ千樫の姿が具体的に詠われている。

老いませる父に寄りそひあかねさす昼の厩に牛を見て居り
父の面わゆたに足らへり冬ながら二頭の牛の毛並よろしき
日おもてに牛ひきいでて繋《つな》ぎたりこの鼻縄《はななは》の堅き手ざはり
音《おと》立てて桶の湯をのむ牛をまもり宵闇さむき厩にゐるも

掲出歌は千樫の牛を見る目の深さがはっきりと見てとれるという点で秀逸である。「乳牛《ちちうし》」は体毛が黒と白の斑のホルスタインであろう。「体のとがり」からは骨格たくましい牛の姿が浮かび、それを「いつくしくしてあはれなりけり」と詠う。「あはれなりけり」の深い詠嘆からは、一頭のいかめしい牛の肢体から精神の気高さまで感じ取っている千樫の心情が読み取れる。千樫の牛に向ける眼差しは、実は深いところで人間に向いているのではないかとさえ思える一首である。

『川のほとり』『屋上の土』大6

茱萸《ぐみ》の葉の白くひかれる渚《なぎさ》みち牛ひとつゐて海に向き立つ

「冬晴」に続く連作「夕渚」の冒頭の一首。掲出歌は現在、鴨川市の松崎川の河口近くに建つ歌碑に刻まれている。茱萸は房州の野山や海岸地帯に自生する「苗代茱萸」と思われる。千樫二十歳前後の作に「草山の奥の沢べにひとり来てなはしろ茱萸《ぐみ》をわが食《は》みにけり」の一首がある。

詠われている海岸は歌碑の建つ鴨川の松崎川の河口あたりかも知れない。当時は防波堤もなく、太平洋に面する広い砂浜に沿って松林が続き、その下には丈の低い海浜植物が繁茂していたことであろう。そしてそこには茱萸も多く生育していたに違いない。茱萸の葉は表は薄い緑色で裏はそれよりもやや白っぽい。掲出歌の「茱萸《ぐみ》の葉の白く光れる」は薄緑の茱萸の葉が夕日にやわらかな白銀色に耀いているさまを詠んだものであろう。いかにも房州の温和な風土を感じさせる描写である。

夕日にやわらかに光る茱萸の葉、そばには繋がれた一頭の牛が海に向いて凝然と佇んでいる。「ひとつゐて」は自ずから一頭の牛の孤高の姿を浮かび上がらせている。そして夕日に白く耀く茱萸の葉の動とじっと動かずに立つ牛の静、さらには独り佇む牛と広大な海、この二つの対照性がその単純な構図と相俟って掲出歌を印象鮮明な一首にしている。

ふるさとの春の夕べのなぎさみち牛ゐて牛の匂ひかなしも
夕日てる笹生《ささふ》がなかゆ子牛いで乳《ちち》のまむとす親牛《おや》はうごかず
夕なぎさ子牛《こうし》に乳をのませ居《ゐ》る牛の額《ひたひ》のかがやけるかも
入りつ日の名残さびしく海に照りこの牛ひきに人いまだ来ず

「夕渚」の一連から総べて引いた。いずれも牛を詠んだ作として記憶に残る佳品であると思う。夕日に額を耀かせながらじっと動かずに子牛に乳を飲ませている牛の姿、余光の照り渡る海を前にひとり佇む牛の姿は特に印象的である。千樫はその悠然かつ孤高然とした牛の姿にこそ惹かれたのではなかったか。それは悩み尽きない自らの日々の明け暮れとは対照的な姿であったからに違いない。

『川のほとり』『屋上の土』大6

夕ぐれの浅川《あさがは》わたる牛の足音《あおと》さびしみにつつ鼻綱をひく

「牛」の連作中の小題「草野原」中の一首である。連作中の「老いませる父に寄りそひあかねさす昼の厩に牛を見て居り」中の「老いませる父」から推察すると、少年期の回想詠ではなく何度目かの帰省の際の歌と思われる。「草野原」は「草原につなげる牛を牽《ひ》きに行く日のくれ方のひとり寂しき」から始まり、夕方草原に繋いである牛を一人で牽きにいき厩に入れるまでを、場面毎に十二首の連作に仕立てて詠っている。季節は一連の終りに「青草のまぐさに交《ま》ずる切藁《きりわら》の白くともしく夏ちかづけり」があるから、晩春と思われる。

草野原は嶺岡山の麓の、牛に草を食ませる為の牧草地であろう。嶺岡山は千樫の生家から南西の方角に間近に見える。夕明かりの中、低くどっしりとした山容の嶺岡山を背景に牛の鼻綱を牽きつつ浅い流れを渡る千樫。「牛の足音《あおと》」の字余りの三句切れが効いており、夕暮れの静けさの中を、微かな飛沫を上げながら浅川を渡る牛の足音が聞こえてくる。そしてその牛の足音を「さびしみにつつ鼻綱を牽く」と詠んでいることから、そのときの千樫の感傷的な気分も感じられる。晩春の夕べの雰囲気がそのような気持にさせたのであろうか。牧歌的な叙情性の中に若さ特有の感傷性の感じられる一首である。

なお「牛」連作には、掲出歌の他にも主観句が多用されている。

さらさらとかな櫛もちて掻きやれば牛の冬毛の匂ひかなしも
けだものの大きせなかにひつたりと両《もろ》のてのひらあてて寂しも
ふるさとのまひるの道を一人行き埃《ほこり》まみれしわが足寂し

三首抄出したが、これらの作のように結句に主観句を置いている作は、「牛」の大作六十八首中十四首を数える。これは「鷺」の連作を鑑賞する際に述べたように千樫の一つの行き方であるが、この「牛」の連作中には結句の主観句が効いているとは言いがたい作があることも事実である。しかし掲出歌の「さびしみにつつ」は効いている。この一語が初句二句の「夕ぐれの浅川」と相俟って、一首全体に心に染み透るようなふかい叙情性をもたらしていると思うからである。

『川のほとり』『屋上の土』大6

ま夏日の潮入川《しほいりがは》の橋のかげ大き牛立てり水につかりて

「牛」の連作中の小題「白日」中の一首。「潮入川」は固有名詞ではなく海水の流入する川をいう一般名詞である。この潮入川は具体的には、太平洋に注ぐ松崎川ではないかと考える。

掲出歌の直前の「ふるさとのまひるの道を一人行き埃《ほこり》まみれしわが足寂し」「ふるさとの海には来つれ一めんに真昼の光り白く悲しも」の二首から千樫は真夏のある日、徒歩で鴨川の海岸に出かけたことが推測される。内房の保田までは十七キロあるのでそこに出かけたことは考えにくい。もう一つ太平洋に注ぐ川に加茂川があるが、この川の下流域は大正十五年発行の『安房郡誌』によれば、酪農よりも漁業、商業が盛んであった。因みに同書には、大正七年の安房郡全体の畜牛頭数は一四、二九三頭とあり、松崎川の流れる東条村にも、他の町村の同じく搾乳所が設けられていたことが記されている。松崎川の近くには間違いなく搾乳業を営む家が多くあり、真夏には松崎川の橋の蔭に牛を牽いてきて、水に脚を浸らせて涼ませていたのであろう。

掲出歌は橋の下の「大き牛」一点に焦点を絞り、印象鮮明な一首となっている。真夏日を避けて橋の蔭にその太い脚を水に浸からせながら立っている一頭の牛。「大き牛立てり」の字余りの破調と句切れにより、その動じないどっしりとした肢体が眼前に迫ってくるかのようだ。

連作中には次の二首がある。

橋のかげすずしく映る水中《すゐちゆう》に白牛ひとつ立ちてうごかず
川中に立ちて久《ひさ》しきことひ牛水にぬれたる尻尾《しりを》ふりつつ

一首目は、重厚さの中に気品を併せ持つ白牛の姿を写生している。二首目の「ことひ牛」は強健で大きな牡牛をいう。結句「尻尾ふりつつ」の具体的描写が、逆にこの牛の重量感ある姿を際立たせている。

千樫は牛がとりわけ好きで、牛さえいれば退屈ということはなかった。千樫の牛の対する細かい観察眼は、すべて牛への愛情に支えられている。牛をこれほど数多く丹念に詠んだ歌人は千樫の他にはいない。

『川のほとり』『屋上の土』大6

かぎろひの夕日背にしてあゆみくる牛の眼《まなこ》の暗く寂しも

前述したように「牛」の大作は八つの小題が付せられ、それが季節の移ろいに従って冬から晩秋まで順序立てて詠まれている。しかし八番目の小題「坂の上」は掲出歌と「牛ひきて下《くだ》らむとする坂の上ゆふ日に照らふ黒牛のすがた」の二首のみで成り、連作の終章にふさわしく、牛の姿が実に印象的に捉えられている。

掲出歌の初句「かぎろひ」は一般的には明け方のほのかな光を言い、万葉集には柿本人麻呂「東の野にかぎろひの立つ見えて返り見すれば月傾きぬ」などの用例がある。「かぎろひの」となると枕詞になり、掛かる語の一つに「燃ゆ」があることから、掲出歌の「かぎろひの」は坂の上に沈もうとする夕日が、最後の輝きを放っている様を詠んだものと解釈したい。

その真っ赤な夕日を背景にして坂をゆっくりと下ってくる牛。おそらく千樫の生家近くの坂であろう。一首の構図が単純であるだけに、牛の姿は極めて鮮明である。「歩み来る」であるから、牛の黒々とした巨体は徐々に千樫に迫り、それと共に千樫の視線はカメラのレンズを絞り込むように牛の眼一点に注がれる。その牛の眼を結句で「暗く寂しも」と詠っているが、単なる印象ではなく、そこには千樫の内面が確かに投影されているように思う。即ち、「暗く寂しい」牛の姿に、人として生きることの寂しさをしみじみと思ったのではないか。北原由夫は『歌人古泉千樫』で千樫が飽きることなく牛を詠ったのは「〝牛が好き〟の一語に尽きよう」と述べた後、図体の大きい牛の姿に「一層生きるものの哀れさが漂い共感を呼ぶのかも知れない」と述べている。

いずれにしろ千樫のものを見る目は、「牛」を大作に仕上げる工程の中で、更に磨き上げられたと言ってよいだろう。終わりに「牛」の連作中で、ここまでに触れ得なかった佳作を抄出する。

さ庭べに繋《つな》げる牛の寝たる音おほどかにひびく昼ふけにけり
夕寒み牛に飲ますする桶の湯に味噌をまぜつつ手にかきまはす
厩内《まやぬち》に入るるただちに大き牛ふりかへりきて首のばしたり
いつくしく正面《まとも》に立てる牛の瞳《め》のか黒に澄めり深くうるみて

『青牛集』大7

貧しさに堪へつつおもふふるさとは柑類《かうるい》の花いまか咲くらむ

大正七年三十三歳の作。当時千樫は水難救済会からの薄給で妻と三人の子を養っていた。千樫が自らの貧を詠んだ作は多いが、ここまではっきりと貧を詠んだ作は掲出歌を含む「暮春」の一連が最初であろう。掲出歌の直前に次の歌がある。

ほとほとに身の貧しさにありあびてわがふる里を思ふこと多し

掲出歌はこの一首に比べると感情が抑制されている分、心に響く。「アララギ」第十一巻三号によれば、千樫はこの年の四月一日に東雲堂書店から第一歌集の『屋上の土』を出版する予定であった。にもかかわらず出版できなかった理由の一つに、出版費用が捻出できなかったことにあるのではないか。橋本徳壽は『アララギ交遊編年考・三』で、一時千樫が「アララギ」

に歌を発表せず、「文章世界」など他の雑誌に発表したことにつき、「それらの雑誌で千樫は幾分なりとも原稿料を生活費に加えたかったのかも知れない。千樫はひどく貧しい」と述べている。

こうした状況であるにもかかわらず、千樫は本の購入に金銭をつぎ込むことには躊躇しなかった。これが一層家計を逼迫させたことは想像に難くない。大熊長次郎の『晩縁記』には、居間の二階八畳の天井近くまで三方に本が山積みとなっていたことを述べた後、「没後整理した目録によると単行本は二千三百冊にのぼり、（以下略）」とある。

掲出歌「柑類の花」は柑橘類の花のことで、俳句では夏の季語となっている。千樫の生家の近くでも今と同じように、夏になれば夏みかんや橙が白い花を咲かせたことであろう。貧しさに堪えつつ瞼に浮かんだのは、蜜柑の白い花が咲く古里の景であった。故郷を思うことにより千樫の心は自ずから慰められたことであろう。掲出歌に並んで次の一首がある。

銭入《ぜにいれ》にただひとつありし白銅貨《はくどうくわ》てのひらに載せ朝湯にゆくも

こうした歌を読むと何故かほっとする。千樫は貧しさにうち拉がれてはいなかった。明るい風光のもとで育まれた房州人の楽天的な気質をそこに見たような思いがする。

さわやかに朝かぜ吹きて港の家海に向きたる窓ひらく見ゆ

『川のほとり』『青牛集』大7

掲出歌の前に「下総の国原ひろき麦ばたけ五月まひるの風わたるなり」、「三方《さんばう》に海たたへゐる岬のみちわがひとり行くこのあさあけを」の二首があるから港は下総の何処か、もっと具体的に言えば、銚子近辺の港であろう。房総は初夏から盛夏にかけて朝はよく海から陸に向かって風が吹く。房州の山間で育った千樫はその風をいかにも肌に心地よく感じたことであろう。爽やかな朝風を頬に受けながら港に面する家々を見ると、海に向いた窓をみな開いている。明るく開放的な集落の佇まい、漁を営む人々の生活が目に見えるようだ。

寂しさにあたり見まはす岬のうへ青草のなかに光る茱萸《ぐみ》の葉
ふるさとの朝の海面《うみづら》ひかるなり茱萸の葉つみてひとり嚙みゐる
朝露にしとどつめたき茱萸の葉をひたひにあててひとり悲しき

掲出歌の直前の三首であるが、掲出歌とは対照的にどの歌からも千樫の言いがたい孤独感が感じられる。とりわけ「ひとり」がこの二首を含め、「茱萸の葉」の一連十四首中五度使われていることは注目される。

この孤独感は何処から来るものだろうか。私には原阿佐緒と別れた孤独感が未だに尾を引いているように思えてならない。引用歌一首目の「寂しさ」も三首目の「悲しさ」も原阿佐緒と別れた寂しさであり悲しさであったのではないか。茱萸の葉を嚙んで寂しさに耐え、茱萸の葉を額に当てて悲しみを堪えていたのであろう。千野明日香氏の論考によれば、大正九年十一月に阿佐緒が石原純の求愛を避けるために、上京して三ヶ島葭子と同居したことを機に、千樫と阿佐緒の交際が復活した。千樫が阿佐緒への思いをはっきりと断ったのは、大正十年一月初旬に葭子に知らせずに、二人で関西に旅行に出かけた際に阿佐緒から石原純への思いを告げられた時であったという。それまでは大正六年の「朴の花」の連作を始め、折に触れて阿佐緒への思いを詠んでいる。

掲出歌のいかにも爽やかな港の家々の佇まいは一時、千樫の阿佐緒への絶ちがたい思いを忘れさせたに違いない。

『川のほとり』『青牛集』大7

朝はやみかき金《がね》はづし蓋《ふた》とれば水にほやかに井にたたへゐる

「茱萸の葉」に続く連作「金海鼠《きんこ》」中の一首。一連の「五月まひる岬の下の砂浜に藁火かくみて海女《あま》とあたるも」の一首からすると、詠われている港は、外房の御宿から天津あたりの港ではないかと思われる。因みに御宿は現在でも房総半島では白浜と並んで、海女の素潜り漁が盛んな地域である。『全歌集』の年譜を見ると御宿等に行った形跡はないが、おそらく帰省した折りの少閑に前述のどこかの港に出かけたのかも知れない。

あさぼらけ港のひとら水汲むとこの寺の井にあつまり来るも

狭い土地に小さな家が密集するこの漁村では家毎に井戸を掘る余裕がなく、寺の井戸を共同井戸として利用していた。朝早くから井戸に集まってくる共同体の人々の明るい語らいが聞こえてくるようだ。

この一首に続く掲出歌は千樫自身の行為を詠んでいるのではなく、すぐそばで土地人が井戸の蓋を開けるさまを見て詠んでいるのだろう。一首の弾むような明るい調べは、井戸の蓋を取ったとき現れた「にほやかな」水を目にしたときの千樫の心の明るさそのものだ。

この明るい調べは上句でア音を八回反復させ、下句では転じてイ音を六回反復させていることによりもたらされたものだ。内容に特に心を引くものがあるわけでないが、千樫の日本語の調べに対する豊かな感性が十二分に窺われる一首である。そしてこうした感性は、少年期から万葉集を始めとする古典に親しんできたことにより、自然に培われたものであることは言うまでもない。

ところで千樫が旅行に出るとその土地の風物をよく観察しようと早起きを心掛けたことは前述したとおりである。試みに、『全歌集』の索引を開き、あ行を見ると「あかつき」「あかとき」の用例は二十四回、「あさあけ」の用例は十五回、「あさはやく」、「あさはやみ」の用例は計十三回と、暁から早朝を詠んだ歌はとりわけ多い。「水郷の春」、「茱萸の葉」、そして掲出歌を含む「金海鼠」の連作も早朝の景を実に丹念に詠っている。千樫の写生への積極的姿勢がなさしめた作品群であると言える。

『川のほとり』『青牛集』大7

日ざかりのちまたを帰るひもじけど勤めを終へてただちに帰る

「向日葵」の一連の一首。下に「八月十四日の夜東京にも米騒動おこれり」という添書がある。「一九一八年（大正七年）七月以降米価が異常に暴騰し、民衆の生活難、生活不安が深まり、ついに空前の民衆蜂起となった」（『日本歴史大事典』）。富山県の漁村で米屋襲撃事件が起こり、たちまちに全国に波及した。そして八月には東京でも騒動が始まった。

掲出歌は「帰る」を反復させ、二度目はその上に「ただちに」を置いてただならぬ緊迫感を伝えている。真夏日の照りつける中、空腹を堪えつつ家族を案じてひたすら家路を急ぐ千樫。その姿は社会の大きな変動に翻弄されながら生きる市井の人の姿そのものだ。

この一首を始めとする「向日葵」の一連は、一介の生活者の目でこの大きな社会変動を詠んでいるところに大きな特色がある。

米たかき騒《さわ》ぎひろがれりこの街の祭にはかに延びにけるかも
祭りのびし街のまひるのものゆゆし大き家家おもて戸ざせる
この街の祭のびけりそろひ衣《きぬ》きたる子どもの群れつつ寂し

祭りは深川の八幡（現在の富岡八幡宮）の祭りのことで、下町で最も賑やかな祭りの一つである。一首目は米騒動により祭りが延びたことを端的に詠っている。二首目は祭りが延期され、暴動の被害を恐れて家家がみな戸を閉ざしている緊迫する街の様が詠われ、三首目は祭りが延びた街の通りを、揃い衣を来た子供達が群れ歩いているという、虚脱感漂う通りの様を活写している。

これら三首はいずれも社会詠というべきもので、早くから自然主義の影響を受けた千樫ならではの連作と言える。ただこれらの連作から不安の兆す社会に対する批判の目が認められないのは、石川啄木等とは決定的に違うところだ。

ともあれこうした社会の激動は千樫の歌に新しい方向をもたらしたことは間違いない。千樫が長命を保っていたならば、社会詠は確実に深化の度を加えていったであろうと思うと、早世が惜しまれてならない。

『川のほとり』『青牛集』大7

な病みそまづしかりともわが妻子米の飯《めし》たべただにすこやかに

千樫の歌の中で初句切れはごく稀で、この歌の他に「夜は深し燭を続《つ》ぐとて起きし子のほのかに冷えし肌のかなしさ」など数首に過ぎない。掲出歌の初句はやや唐突の感もあるが、初句切れで心情を直截に詠んだことが、結句の「ただにすこやかに」の優しい響きと呼応して、千樫の妻子を思いやる気持ちを読者の胸に染みいるように伝えている。

米騒動で不穏な空気の漂う中、漸く帰宅した千樫は家族の無事に心から安堵し、妻子が健やかに生きることをひたすら願うのだった。

異国米《いこくまい》たべむとはすれ病みあとのからだかよわき児らを思へり
炎天にあゆみ帰れりやすらかなる妻子《つまこ》の顔を見ればかなしも
牛の肉のよき肉買ひて甘《うま》らに煮子らとたうべむ心だらひに

千樫の妻子を思う心情が痛いほど伝わってくる一連である。千樫は門人に「貧しくても米は一等米を食べなければならない」とよく話していたという。しかしその千樫が普段食べていた米は、作品から見る限り引用歌のように国産の一等米ではなかった。

夜寒く帰りて来ればわが妻ら明日《あす》焚かむ米の石ひろひ居《を》り
みづからが拾ひ分けたる米の石かぞへてわが児は誇《ほこ》る
専らなる日本《やまと》の米の白き米けふは食《たう》べつわが児の忌日《いみび》を
うやうやし父がおくれる白き米口にかみたりその生米《なまごめ》を

大正八年の「寒夜」の一連である。ここには社会的な地位も得、経済的にも恵まれていた茂吉、赤彦、純、沼空ら他のアララギの歌人とは対極の、小市民の貧しい暮らしぶり詠われている。自らの貧を包み隠さずに詠むこれらの作は、当時のアララギにおいては出色といってよく、私もまたこのような作に強く惹かれる。

『青牛集』大7

風ありて光りいみじき朝の海を枇杷つむ船のいま出でむとす

大正七年、安房南無谷（現南房総市富浦町）の枇杷山を観た翌日の一首。

掲出歌の前に「あからひく朝の浜びにあつまりくる枇杷をつみ込むその枇杷船に」の一首がある。荷車に満載した枇杷は鮮度が落ちないように、すぐに船便で東京に出荷した。次次に集まってくる枇杷を船に積み込む人々の賑わいが聞こえてくるようだ。

掲出歌はその枇杷船が東京に向けて出港する様子を詠んでいる。上句の端的な描写に惹かれる。風が吹きわたり光が微塵に砕けて乱反射する朝の海、その海に収穫した枇杷を満載した船が今にも乗り出そうとしている様を活写している。清々しくも躍動感溢れる朝の景だ。

収穫した枇杷は女たちが丁寧に箱詰めをして出荷をする。千樫は枇杷船が出航する景を見たあと、枇杷の箱詰め作業を見る。

をみなたち枇杷をつめ居り青葉かぜ明るき納屋に枇杷をつめ居り
箱の底に枇杷の青葉をしきならべ枇杷の実つむるひとつひとつに

急傾斜の枇杷山は滑りやすく、枇杷の木自体も意外にもろく折れやすい。枇杷の収穫は危険を伴う作業なのだ。こうして収穫した枇杷は女たちが納屋で箱詰めをする。枇杷は傷みやすいので細心の注意を払いながら、箱に枇杷の葉を敷いてひとつひとつ丁寧に箱詰めをする。こうした手間暇を掛けて、ようやく枇杷は東京に出荷されるのである。結句の「いま出でむとす」にはそうした感慨も含まれていると見たい。

ふるさとにわれは旅びと朝露につみて悲しき螢草の花

さて千樫は故郷の近くに来ても生家に帰らなかった。出郷の理由からして帰りづらかったのかも知れない。感傷傾向の目立つ一首であるが、「ふるさとにわれは旅びと」には故郷に帰りたくても帰れない寂しさが籠められていよう。

『川のほとり』『青牛集』大7

ふるさとに父をおくりて朝早み両国橋をあゆみてかへる

杉田博の『歌人古泉千樫』によれば、千樫の父は弥市と言い、明治十七（一八八四）年六月に嶺岡山系を隔てた平群村吉沢（現南房総市吉沢）から古泉家に婿入りをした。弥市はもともと木挽職人であったが、後に嶺岡牧場の近くの農家の多くがそうしたように、より現金収入が期待される酪農業に転じた。

千樫は本名幾太郎《いくたろう》と言い、父弥市三十歳、母きく十九歳の長男として出生した。

弥市は千樫が二十三歳で出郷した後、蔭に日に千樫を助けた。米や生活費を送ったりしたこともしばしばであったらしい。千樫はそんな父に終生感謝の念を持ち続けた。千樫が父を詠んだどの作からも父への深い信愛の情が窺われる。父子の葛藤などという言葉とは全く無縁の父と子の関係であった。

幾年を遠く住みつつ住みわびて今はた父に銭をもらひたる
わが家の米買ふ銭を寂しくも父にせまりてわが得つるかも
家のこといそがはしとて一夜寝て老いたる父のただに帰らせり
ならび行き遅れがちなるわが父の老いたるみ面ひそかに仰げり

父は牛の世話で一日も家を空かせないような多忙な合間を縫って、息子を心配しわざわざ東京に出てきたのであった。父はその時千樫に生活費を渡し、翌日の早朝には当時房総方面への列車の発着駅であった両国から汽車で吉尾村に帰っていったのである。ここに四首掲げたが、貧しさゆえに父から生活費を貰ったことへの自責の念と老いた父を思いやる真情が心に染みてくる。

千樫は早朝両国駅で父を見送り、そのまま両国橋を独りで歩いて帰ってきた。掲出歌は淡淡とした描写であるがゆえに、かえってその時の千樫の様々な心情が想像される。即ち前述した自責の念や老いた父を思いやる気持ち、「わが懶惰《らんだ》を悔いつつもとな父母の寂しきことはよく知るものを」のように、父母を置いて出郷してしまったことへの負い目などだ。掲出歌はそうした心情を詠む前の序章に位置づけられる作である。

『川のほとり』『青牛集』大7

君が手につくりてくれし真鍮の火箸を持ちて火をいぢり居り

「十一月一日夜」の連作の一首。「君」は松倉米吉である。米吉は明治二十八（一八九五）年十二月に新潟県の糸魚川町に生まれた。十三歳で再婚した母を追って上京。以下橋本徳壽の『古泉千樫とその歌』から引用する。「メリヤス屋奉公、洗濯屋、金属挽物工と、転々と職をかえる失意困苦のなかにも歌に精魂を打ち込み、真実に徹した不滅の作品をこの世に遺して大正八年十一月二十五日午後二時半、築地の東京市施療病院で死んだ。病気は肺結核であった」。

今は言かよはぬか母よこの月の給料《かね》は得て来て吾は持てるを
親方の仕事のはたにうづくまり蚊遣いぶして吾が居りにける
日もすがら金槌をうつそこ痛む頭を巻きて金槌を打つ
わが握る槌の柄減りて光りけり職工をやめんといくたび思ひし

かなしもよともに死なめと言ひてよる妹にかすかに白粉にほふ

相坂一郎ら「行路社」の遺友が編集した『松倉米吉歌集』から抄出したが、どの作も心を深く揺さぶる秀歌である。

米吉が千樫に入門したのは大正二年十月、当時は金属挽物職であった。当時のアララギを主導した赤彦や茂吉ではなく千樫に師事したのは、米吉にとって実に幸せだった言うべきであろう。実生活を具体的に詠むことを第一義とした米吉の歌は、自らも市井の薄給の勤め人に過ぎなかった千樫にこそ真に理解できると思うからだ。

掲出歌は主観は全く述べていないが、米吉から貰った手製の火鉢で火をいじっている千樫の仕草には、米吉を愛しその境遇を思いやる気持ちがにじみ出ている。

以下連作中の作を掲げる。

ついたちは君が休みと知るゆゑに下《した》に待ちつつ夜はふけにけり
酒のみて夜を遊び居るかこの頃のはやりの風邪《かぜ》に恙あらぬか
夜業終へ職人たちと酒を飲みおのがからだをそこなふなかれ

浪の音かすかにきこゆ床のうへに蠟の灯立《ほだち》を見つめて居れば

『川のほとり』『青牛集』大8

「株虹」の連作の結びの一首である。「株虹」は足だけの直立する虹を言う（上田三四二『鑑賞古泉千樫の秀歌』）。

いくたびかここには来つるこの夕べ空すさまじく株虹立てり
うつし身の寂しくしあればこの海にひとり寝に来つ人には告げじ
まさきくて人も生きなむ沁みとほる海気《かいき》にひたり吾れはねむらむ

連作中から三首を抄出したが、作中の「ここ」は現在の千葉市稲毛の海辺にあった旅館「海氣館」、「人」は原阿佐緒であろう。大正二年十二月、千樫はこの海氣館で阿佐緒と一夜を共にした。この時を詠んだ歌が「夜は深し燭を続《つ》ぐとて起きし子のほのかに冷えし肌のかなしさ」、

「朝なればさやらさやらに君が帯むすぶひびきのかなしかりけり」などの「燭影」の連作である。その後千樫は、次女條子の死への自責の念から阿佐緒と交際を絶つが、それでも阿佐緒を忘れられず、何度も一人で海氣館を訪れたり、この「株虹」のみならずたびたび阿佐緒への思いを詠んでいる。

千樫が「うつし身のさびしさ」を慰めるべく、しばしば訪れた海氣館の在った稲毛の海岸は今ではすっかり埋め立てられ自然のままの渚は全くなくなってしまったが、当時は広い遠浅の海岸で、渚に沿って松林が続いていた。掲出歌の具体的描写から波の音の微かに聞こえてくる海氣館の暗い一室にひとり床の上に座り、蠟燭の灯立を見つめている千樫が浮かぶ。その時千樫の耳にかすかに聞こえる波の音は阿佐緒への思いを次第に鎮めていったのではないか。抄出した「まさきくて…」の一首から推測すると、阿佐緒も遠い仙台で幸せな日々を送っているだろうから、自分も明日から阿佐緒への思いは断って生きていこうという思いに至ったようにも見える。いずれにしろ連作の終章にふさわしい一首である。

しかし前述したように千樫と阿佐緒の交際は、阿佐緒が上京して親友の三ヶ島葭子の家に身を寄せていた大正九年十月頃には復活していた。『全歌集』の年譜の大正九年に、千樫が阿佐緒の居る三ヶ島葭子の家をしばしば訪ねたことが記されている。

『青牛集』大8

雪つめる九十九谷に夕日てり蒼鷹ひとつ出でにけるかも

千樫は大正八年二月に鹿野山に登った。鹿野山は標高三五二メートル、嶺岡山、清澄山と共に房総丘陵の主峰に数えられる。山頂はなだらかで南に小さな峰峰が幾重にも重なる九十九谷の広大な眺望が開けている。この九十九谷は東山魁夷の「残照」のモチーフになった所としても知られている。

「鹿野山」の連作は三十四首に及ぶが、そのうち「雪」が二十五首に用いられている。めったに雪の降らない房総丘陵で、はからずも雪景色に出会ったことにより作歌意欲を触発されたのであろう。新鮮な感動がどの歌からも感じられる。

この雪にわが行かむ道はるかなり停車場の前の大き雪達磨
雪ふかき野の一つ家を出でし男きものはたきて藁ぼこりおとす

連れ立てる人の足はやし山みちにをりをり雪のしづるる音す

雪を積みつつ夕日に染まっていく九十九谷、その上空をどこからともなく現れた一羽の蒼鷹が大きな羽を広げて滑空していく。掲出歌は恰も一幅の日本画を見ているような趣がある。結句の最も強い詠嘆を表す「けるかも」は千樫の常套句であり、中には推敲すべき作もあるが、掲出歌の場合はよく収まっていよう。「蒼鷹」は大鷹の古名である。その雄々しい姿は「夕日てり」で小休止したことにより、より印象鮮明となった。

雪山の八重山とよみ風たちて鷹はななめに下りけるかも
雪山のいただき低く翔る鷹の胸のひかりをいつくしく見し

二首抄出したが、一首目は鷹の精悍にしてダイナミックな動きを活写して印象的である。ただ「けるかも」は推敲すべきだろう。二首目は単純化の効いた一首である。「胸のひかり」は鷹の胸毛が夕日に耀いているさまをいう。「いつくしく」から美しくも威厳ある蒼鷹の姿が彷彿する。

『青牛集』大8

しかすがにみどり輝くわが小庭妻とならびて今日見つるかも

大正八年の四月頃の作か。当時千樫は青山墓地にほど近い赤坂区青山南町六丁目一〇八番地（現渋谷区南青山）に住んでいた。橋本徳壽の『古泉千樫とその歌』や大熊長次郎の『晩縁記』によれば、家は二階建ての粗末な二軒長屋、庭は三坪に満たない狭い地で、裏は高い石崖で遮られていた。千樫は亡くなるまでこの家で十年間暮らした。

掲出歌「しかすがに」は「そうはいうものの」という意味であるが、ここには「日当たりの悪い庭であるけれども」という意が籠められている。普段は日当たりの悪い庭であるが、今日は庭の若葉に日が差して輝いている。その輝く若葉を妻と並んで見ているのだ。「妻とならびて」の具体的描写が効いており、これにより久しぶりの休日を妻と過ごしている千樫の心の安らぎが直に伝わってくる。なお掲出歌の「みどり」についてであるが、『晩縁記』に「その庭に芭蕉が一株青々と葉を茂らせて（以下略）」とある。

千樫が詠う家族は貧しいながらも身を寄せ合って生きる市井の家族そのものだ。掲出歌の前に前述した「寒夜」の連作があるが、ここには妻子が夜遅くまで米に交じっている石を拾っている姿が詠われている。いずれにしろ千樫の家族詠は、家族思いの千樫の優しい人柄が窺われてほっとする。

夕庭に若葉そよげりいとまあるこのいち日を家におくれる
安らけきけふの一日《ひとひ》やわが家に三たびの食《しょく》を児らと共にする
莢《さや》ながらよき人くれしそら豆の莢をむきつつよろこぶわが児ら

水難救済会の勤めは残業が多い上に定期的に宿直勤務があった。また北海道や四国など地方への出張も多かったため、休日をゆっくりと家族とともに過ごすということはあまり無かったのかも知れない。ここに三首抄出したが、どの歌からもひさしぶりの休日を家族で過ごす千樫の寛いだ面輪が浮かんでくる。千樫の家は大正八年当時、妻きよ（四十四歳）、長女葉子（八歳）三女佐代子（三歳）の三人家族であった。千樫はこの三人の生活を自分一人の薄給で支えていた。

『青牛集』大8

乗りて来し船はしづかにぬれてをり夕の港に雨やまず降る

「伊豆」連作中の一首。本書の年譜の大正八年に「六月に田居守夫と伊東に行き、小田原に北原白秋を訪ねた」とある。このときは船旅であった。

　梅雨《つゆ》の雲白くおりゐて見の親し船の舳《へ》むかふ真鶴岬《まなづるみさき》

　東京から出港し三浦三崎沖を経て間もなく、船の舳先に立つと白い梅雨雲の下に海に低く突き出ているような真鶴岬が見えてくる。一首の明るく弾むような調べは、千樫の感情の気息と一体化している。一日の船旅に日常の憂さを忘れ開放感に浸っている千樫の姿が目に見えるようだ。

　船は真鶴から熱海沖を経て伊東港に着岸、港近くの宿に宿泊したのであろう。掲出歌は宿の窓から見た光景を詠んだものと思われる。部屋の窓辺に立って見降ろすと自分たちが乗ってきた船が、今日一日の疲れを癒やすように夕べの雨に静かに濡れている。その光景を窓から眺めている千樫の心も一時安らいだことであろう。一首の醸し出すしっとりとした情趣は千樫ならではのものであり、深い味わいがある。

大正八年は公務の出張が特に多かった。年譜によれば四月に四国、七月から八月にかけては北海道に赴き、小樽、札幌、函館などを廻っている。そういう気の休まらない公務とは違い、私的な旅行は心底千樫の心を寛がせたことであろう。ましておなじ房州出身の門人である田居守夫と一緒であったから尚更だったに違いない。

伊東に着いた千樫は、梅雨に降り籠められ、取り立てて外出もせず、温泉を心ゆくまで楽しんだ。伊豆と違い温泉のない房州で育った千樫が、ゆっくりと温泉を楽しんだのはこれが初めてだったのかも知れない。

昼ふかみさみだれやまずひとり来ていで湯の湯槽《ゆぶね》汲みかへにけり
くみかへし湯ぶねのいで湯ややややに湛ふを待てりはだかながらに

二首抄出したが、日々のくびきから逃れて屈託のない表情を浮かべる千樫の姿が想像される。

眺めゐる九十九谷にいくすぢの夕けのけむり立ちにけるかも

『川のほとり』『青牛集』大8

「山上雷雨」の連作の冒頭の一首。同じ鹿野山を詠んだ前作「鹿野山」の連作が二月の作であるのに対し、この連作は「山の町夕冷《ゆふひ》えはやしをみな子のになひ行く水みちに垂りつつ」の一首からすると晩秋の頃の作と思われる。千樫は大正八年に二度、鹿野山に登ったのであろうか。掲出歌は万葉調ののびやかな調べと九十九谷の雄大な景がよく照応して、何度口誦しても飽きないものがある。結句の「けるかも」は「みんなみの嶺岡山《みねをかやま》の焼くる火のこよひも赤く見えにけるかも」と同じく叙景歌の結句としてよく効いており、このような作を読むと歌は詠ずるものだという感を一層深くする。

静かな夕べ鹿野山から九十九谷を眺めると、幾筋か炊ぎの煙が立ち上っている。谷間には小さな集落が点在しているのだ。煙の下にある人々の素朴な暮らし、千樫はそんなことを立ち上る夕けの煙を眺めつつ思っているのだろうか。この九十九谷のどこかに千樫の故郷の吉尾村がある。鹿野山から吉尾村までは直線距離にして十五キロ弱に過ぎない。いずれにしろこの一首の醸し出す情趣は味わい深いものがあり、千樫の代表作の一首に数えられよう。
掲出歌に次の歌が並ぶ。

国ちかみものかなしきに夕まけて谿あひふかく草を刈る音

故郷の山々が見渡せるこの鹿野山に来て兆した望郷の思い、それを募らせるかのように谷底から草を刈る音が聞こえてくる。その音に故郷の父母が朝夕に草刈りをする姿を思い出したのであろう。
九十九谷を眺めつつ暫く時を過ごすと急に黒雲が谷を覆い始める。

あらし雲おほへる底よりくろぐろとむらがりきたる夕鴉《ゆふがらす》かも
せはしなくむらがりかへる夕鴉ひところゐ鳴かず消えゆくものを

千樫はその晩山上の古刹神野寺近くの宿に泊まり、翌朝生家に立ち寄ることなく帰京した。

『青牛集』大9

勤めして宿居《とのゐ》かなしもおのもおのもこれの布団《ふとん》をかうむりて寝る

千樫の勤務先の帝国水難救済会は薄給の上に定期的に宿直勤務を割り当てられた。宿直の吏員は同じ布団に代わる代わるくるくるまって寝るのである。久しく日に干さず黴臭くなった古ぼけた布団、今からくるまって寝ようとするその布団を見つめつつ、千樫は薄給の勤め人ゆえのわびしさが身に染みたことであろう。「宿居《とのゐ》かなしも」には千樫の自らの境遇を嘆く気持ちが凝縮されている。

相つぎて肺やむひとの出でにけりこれの布団をかづき寝しもの
すこやかに勤めゐてだにくらしかぬるわれらが侶《とも》ら病ひ長かり
病む侶《とも》を明日訪ひゆくとあづかれるしが俸金《ほうきん》は多からなくに

これらの作を詠むと劣悪な職場環境がよくわかる。この布団にひそむ結核菌により、宿直した吏員が次次に肺結核を発症したのである。抄出した三首から結核に冒された同僚を思いやる気持ちが直に伝わってくるが、一方では千樫自身も同じ布団で一夜を過ごしたゆえに、自らも結核に感染しているのではないかという恐れを抱いたのではあるまいか。同僚で「こころの華」の同人新井洸が既に感染していたこともその恐れを募らせた。

大正十年に「重き病吾れの病むかにおもほえて朝の小床に眼をあきて居り」の一首がある。また『全歌集』の年譜で大正十三年の項を見ると六月に「この頃から胸に病を危惧した」とあり、更に「八月二十七日に突然喀血した」とある。これらから推察すると肺結核が顕在化したのは大正十三年であるが、掲出歌を為した大正九年には自覚症状はないものの既に肺結核に感染しており、大正十年には身体に変調があって其の予兆を感じ取っていたことは充分に考えられる。

いずれにしろこの「貧しきどち」の一連は千樫の作には珍しく陰鬱な雰囲気が漂う。薄給のままに勤めて十年、一介の貧しい吏員として生きていくことに疲れてしまった千樫の心情が見てとれる。

かへり来てわが家の屋根見ゆらくに涙あふれてとどめかねつも

『川のほとり』『青牛集』大9

「父を悼む」の連作中の一首。父弥市は大正九（一九二〇）年五月十二日心臓麻痺により急死した。六十四歳であった。知らせを受けた千樫は娘の葉子を伴い汽車で郷里に向かった。しかし汽車の便が悪く連作から推測すると上総湊で宿を取ったと思われる。

ふるさとに父のいのちはあらなくに道に一夜《ひとよ》をやどりつるかも
闇をゆする浪のとどろきとどとしてわが胸痛し夜《よる》いまだ深し

二首とも早く父の側に行きたいのに行けない辛さともどかしさを詠っている。郷里には翌日の朝着いた。「雨ながらこれの峠にきたりけりわが村かたは霧ただに白し」の一首からすると保田から長狭街道というコースを取らず、上総湊から山間に入り峠を越えて長狭街道沿いの集落大山に降りるという近道を辿ったのではないか。大山まで来れば、吉尾村まで徒歩で三十分程度で着く。

小さな坂からやや下ったところにある生家の萱葺き屋根を見たとき、涙が一気に溢れてきた。其の涙は、この家に父がもう居ないことを実感した時の涙であろう。前述したように父弥市は千樫が出郷した後も、貧しいわが子幾太郎に援助を惜しまなかった。千樫が出郷した日にも一人港まで見送りに来てくれた思いやりの深い父であった。千樫も父に深い信愛の情を抱いていたから悲しみは一層深いものがあったに違いない。千樫の悲嘆の情が心に響く一首である。父弥市は千樫が生家に帰ったその日の朝、直ちに山桃の大木の下の墓に埋葬された。

山へゆく村の小みちのいちじるくよくなれるだに父のしぬばゆ
村の山木高《こだか》く繁《しげ》くなりにけり父のはたらきしあとにやはあらぬ

父を葬った後、道普請の済んだ小道を見ても木高く繁る山を見ても父が偲ばれる千樫であった。

わくらばにわれら肉親《にくしん》あひ寄りて幾日《いくひ》は過ぎぬ父あらぬ家に

『川のほとり』『青牛集』大9

父を葬って幾日か経た後の一首である。父との永別の嘆きが沈潜し、淡淡と詠んでいるがゆえに一層父を失った千樫の嘆きが胸に迫ってくる。肉親は千樫の五十三歳の母、四歳年下の妹のぶ、七歳年下の弟直二郎、十九歳年下の妹三千代、そして千樫の長女の葉子らである。初七日の法要が終わるまで肉親はみな古泉家に泊まっていたのだろうか。久し振りに賑やかな生家ではあるが、ここにはもう父はいないのだ。結句「父あらぬ家に」に父を失った寂しさが籠もる。

父が亡くなった今、生家に残るのは母と十九歳年下の妹三千代の二人のみである。もう一人妹のぶはこの頃近郷の村（現在の鴨川市和泉）に嫁いでいた。

わが母の今日は出で立ち茶を摘《つ》むにわれもわが児も出でて摘みつつ

まかがよふ光のなかにわがうから今日は相寄り茶を摘みにけり

二首抄出したが、久し振りに母や弟妹と共に過ごしている安らぎが心に染みてくる。しかしまもなく母の元を去らねばならない。ゆえに一層肉親と過ごしている今のこの時が愛しいのである。

ところでこのころ千樫は、東京での生活をこのまま続けるか迷ったらしい。「父を悼む」の連作は次の一首で結ばれる。

この家に帰りかへらず真面《まとも》にを吾れし立つべき時にはなりぬ

『全歌集』の年譜の大正九年には千樫は父の死を機に「郷里に帰農しようかとも思ったが、その決心はなかなかつかなかった」とある。おそらくこれは年譜の作成者の徳壽が千樫から直接聞いた話であろう。千樫は結局東京での生活を選ぶことになるが、一方生家はこの後三千代も嫁ぎ、母が一人で守っていくことになった。その生家は千樫が没して十二年後の昭和十四年に自宅から失火して全焼する。そして母は改築成った自宅で昭和二十三年に亡くなった。千樫の母は二十八年間殆ど一人で古泉家を守ったのであった。

『川のほとり』『青牛集』大12

このいへを継ぐ弟のかへるまで保《たも》ちかあらむ古き茅《かや》屋根

大正十二年の「帰省」の連作中の一首。『全歌集』の年譜で見る限り、千樫が二十三歳で出郷して四十二歳で東京の南青山の自宅で亡くなるまでに、帰省したのは十回前後に過ぎない。そしてその多くは冠婚葬祭が理由である。この年の帰省の理由は明らかではないが、もしかしたら父の三回忌によるものかも知れない。掲出歌の上句からすると古泉家の跡は長男の千樫ではなく弟の直二郎が継ぐことになったことがうかがえる。

生家の大きな茅葺き屋根も時が経って古くなってしまった。後を継ぐ弟が帰ってくるまで保っているだろうか。生家への愛着と弟への親愛の情が、一首の何とも言えない優しい調べと相俟って心に染みてくる。体言止めも効いている。なお、橋本徳壽の『古泉千樫とその歌』によれば、当時弟直二郎は習志野の騎兵連隊に入営していた。

走りつつ仔牛《こうし》あそべり母ひとりこの家もりて働きています
わくらばに吾《わ》れも弟《おとうと》もかへりきてこの古家《ふるいへ》に男の声す

いずれも「帰省」の連作中の作である。一首目は「走りつつあそぶ仔牛」が、母ひとりだけになってしまった生家の寂しさを一層際立たせている。母は女手一つで牛を飼い、田畑を耕し古泉家を守っているのである。「母ひとり」には、母への深い労りの情が籠もる。二首目。生家は父が亡くなった今、二人の妹のうち五歳年下ののぶは近郷（現鴨川市粟斗）に嫁ぎ、十九歳年下の三千代は東京に出て、母がひとりで暮らしている。そこに久し振りに兄弟揃って帰省したのである。「吾も弟も」の畳みかける表現が効いている。結句はやや素っ気ない表現であるが、そこには千樫の安堵の思いが籠められていよう。

ところでこの「帰省」の連作六首が「アララギ」に発表した最後となった。千樫がアララギと疎遠になった原因について徳壽は『全歌集』の年譜で大正十一年の項に次のように記している。「アララギは赤彦が中心となり、その周囲に優秀な門下生が集まって、おのづから大きな勢力となりつつあった。千樫はいつのまにかその円の外に立つような感じをうけたのではあるまいか」。大正十三年「日光」が創刊されると千樫は同人となった。これが千樫のアララギとの訣別を決定的にしたのであった。

『川のほとり』『青牛集』大12

青田《あをだ》のなかをたぎちながるる最上川齋藤茂吉この国に生《あ》れし

『全歌集』の年譜によれば、千樫は大正十二年の梅雨時の頃、帝国水難救済会の職務で山形県酒田市に出張した。この時に成した作が掲出歌を含む「出羽」の連作十一首である。茂吉はこの時文部省在外研究員としてヨーロッパに滞在中であった。

千樫が茂吉を識ったのは明治四十年五月十二日に上京して伊藤左千夫を初めて訪ねた時であった。当時千樫は二十二歳、茂吉は二十六歳であった。以来二人は中村憲吉や土屋文明等と共に左千夫の膝下にあって、互いに切磋琢磨しつつ、アララギを支えてきたのであった。千樫は当時のアララギの若手の担い手の中で、茂吉に最も親近感を抱いており、茂吉もまた『赤光』の中で別項で掲げた「あが友の古泉千樫は貧しけれさみだれの中をあゆみゐたりき」の一首を詠んでいる。

千樫は福島県の米沢から奥羽本線で険しい板谷峠を越え、酒田へ向かったようである。掲出歌は直後に「上《かみ》の山《やま》の停車場すぎてほどもなし街道筋を人ひとり行く」の一首があるから、右手に蔵王山を仰ぐ上山あたりの風景を詠んだものと思われる。ここまでくると茂吉の故郷の金瓶（現在の上山市金瓶）はほど近い。一面の青田原のなか、梅雨を集めて湧きあがるように激しく海に向かって流れていく最上川、茂吉は千樫を育んだ微温的な風土の安房とは対照的な厳しい風土の中で育ったのだ。下句から茂吉への篤い友情が感じられるが、同時にまた千樫と茂吉の歌風を育んだ土壌の違いを実感させられる一首でもある。

国原の青田の光さわやかに朝あけわたりて蔵王山《ざわうざん》見ゆ

掲出歌の直前のこの一首も上句の端的な把握、写実の確かさに見るべきものがある。「あかときの峠の駅に水のめり越え来《こ》し山山靄こめむとす」の一首からすると、板谷峠を夜行列車で越えてきたのだろうか。峠を越えると間もなく視界が一気に開ける。車窓に展開する広々とした情景の中から、蔵王山に焦点を当て印象的な一首に仕立てている。親友茂吉が朝夕に仰ぎ見たであろう蔵王山、その蔵王山を初めて目の当たりに見た感動が「見ゆ」から直に伝わってくる。ただ四句の「て」については推敲の余地があろう。

梅雨ばれの光りのなかを最上川濁りうづまき海にいづるかも

『川のほとり』『青牛集』大12

「茂吉を憶ふ」に続く「最上川」の連作中の冒頭の一首。最上川は山形県米沢市の吾妻山付近に源流を発し流路延長二二八キロ、酒田市で日本海に注ぐ東北地方随一の大河である。最上川を詠んだ句に松尾芭蕉の「五月雨をあつめて早し最上川」、「暑き日を海にいれたり最上川」があるが、「最上川」の連作はこれらの句を意識して作られたものであろう。

橋本德壽の『古泉千樫とその歌』に同郷の門人田居守夫の文章が記されているが、それによれば千樫は酒田に宿泊した日の夕、日没の前に最上川の旧川口に立ち、梅雨明けの太陽が海上に赤く赤く没して行く様を見て、これだこれだと非常に嬉しかったと語ったという。上句「梅雨晴れの光りのなかを」は繊細さを感じる描写であるが、それとは対照的な最上川の荒々しい実相が下句の「濁りうづまき」の具体的な描写によって的確に捉えられている。「海にいづるかも」の字余りもその様を印象づけるのに効果的である。千樫の叙景歌はどこか繊細で温もりを感じさせるが作が多いが、掲出歌からは人を圧倒するような自然の実相に真正面から向き合って詠おうとする気迫を感じる。
千樫は酒田に滞在していたある日、漁の現場を見ようと舟出した。

さみだれの最上くだりけむ大き鯉海に喘《あへ》ぐを手に捕へたり
海の上にうちいでて見れば雪ひかる鳥海山《てうかいざん》に日はまとも照れり

最上川の濁流と共に海に流されてきた大きな真鯉、海面に口を出して喘ぐそれを漁師は直接手で捕まえたのだ。一首目はその大胆かつ野性的な振る舞いを目の当たりにした感動が詠われている。二首目は海上から見た鳥海山の姿が詠われている。鳥海山は標高二二三六メートルの円錐形の火山で、出羽富士とも呼ばれる美しい山容で知られている。「雪ひかる鳥海山」は「梅雨ばれの光り」と同じく千樫らしい繊細さを感じるが、結句は一転自然の荘厳さを実感させる描写となっている。雪を積む鳥海山が真日に輝く様が目に迫ってくるようだ。なお初句二句は万葉集に「田子の浦ゆうち出でて見れば」などがあり類型的であるが、あえて用いたものと思われる。

『川のほとり』『青牛集』大12

うちひびきかなしく徹《とほ》る雉《きじ》の声みな此面《このも》むきて鳴くにしあるらし

大正十二年の四月頃の作か。千樫は鳥を多く詠んでいる。因みに詠まれた鳥を挙げると、山鳥、鴉、鷺、鷹、鶺、梟、雉などである。このうち連作として作ったのは鷺、梟、雉で、このうち特によく知られているのは鷺、雉の連作である。鷺は大正四年三十歳の時、小石川の伊達家の庭園に何日も通って為した作であるが、作品の出来映えはこの雉の方が断然優れている。技巧の跡を感じさせない表現の確かさにおいて、見る眼の深さにおいて千樫の作のみならず近代短歌の中でも高峰の一つに数えられよう。家族四人を支えながら薄給に甘んずる生活、父との死別、原阿佐緒との別れ、「鷺」を為して以来のこうした八年間の労苦が、「雉」の秀作を生み出す素地となったといって良い。

掲出歌に先立ち、斎藤茂吉の「こらへゐし我のまなこに涙たまるひとつの息の朝雉の声」(『あらたま』)があり、この影響を受けていることが窺われるものの、出来上がった作は千樫ならではの繊細で潤いのある作となっている。雉は繁殖期の四月頃になると早朝から雌を求めて鳴く。その甲高い「ケン、ケーン」という声を「かなしく徹る」と詠んだところにこの歌の独自性がある。雉の声は確かに甲高く大きな声にしては故知らずもの哀しさを感じるが、歌中の「かなしく」は千樫の内面の「哀しさ」を投影しているように思える。

「雉」の連作はおそらく朝の通勤の途次の属目詠であろう。場所は連作中の「土手」、「高処」、「み濠」、「高垣」などの語から推測すると、千樫の家から比較的近い皇居の外堀あたりのような感じである。土手の上から哀しく響いてくる雉の声、それは「みな」というから一羽ではなく、しかもこちらを向いて鳴いているのだ。千樫の心の一瞬の揺らぎを思わせる一首である。

続いて二首抄出する。

あからひく朝靄はるる土手の上に雉子《きぎし》光りて見えにけるかも
土手の上の高きを占めて鳴く雉子《きぎし》あなやさ躍り鳴きにけるかも

結句「けるかも」の重複が気になるが、雉子一点に焦点を当てて印象鮮明な一首となっている。

『川のほとり』『青牛集』大12

おのがじし己妻《おのづま》つれて朝雉《あさきじ》のきほひとよもす声のかなしさ

同じ「雉子」の連作中の一首。初句二句の「おのがじし己妻つれて」の簡明な写実、把握の確かさに注目したい。ここに市井の生活者としての視点から現実を見つめる千樫の姿が垣間見える。掲出歌の雄雉の姿は、千樫自身も含めた妻帯した男の姿を自ずから映しているかのようだ。「きほひとよもす」には口うるさい妻に叱咤されながら、家族を養うために、身の丈を越え背伸びして生きざるを得ない、自身を含めた世の男達の姿を端的に比喩しているようにも見える。何となくユーモラスな感じがしないでもないが、結句の「かなしさ」には、そうした自らの姿を哀れむ心情が込められているようにも思える。夫として男として生きることに哀愁を抱かせてしまうような一首ではある。

続いて二首を抄出する。

高処《たかど》にし雄雉《をきじ》は鳴けり草わけてあゆむ雌雉《めきじ》の静かなりけり
さ青《あを》なる蕗の丸葉《まろは》に尾を触りて雉子《きぎし》しまらくうごかざりけり

二首とも写実の確かさという点で出色であり、当時の千樫の力量を充分に窺わせる。一首目は雄雉の動と雌雉の静の対照がとりわけ印象的であり、その対照性を印象づけるのに二句切れが実に効いている。「草わけてあゆむ」の具体的描写により雌雉の姿がはっきりと視覚に入ってくる。優れた日本画を観ているような趣のある一首で、上田三四二は「琳派風の装飾化された、きれいな色彩の図柄にでも対う感じで、印象鮮明である」（『鑑賞古泉千樫の秀歌』）と述べている。

具体的描写と言えば二首目の「蕗の丸葉《まろは》に尾を触りて」に注目したい。これにより一首が一気に生動したと言ってよく、その単純な構図と相俟って静止した雉子の姿がはっきりと目に見えてくる。千樫の目の確かさを十二分に感じさせる一首である。

大正十年頃からアララギの中にあって一層孤立を深めていった千樫にとって、大正十二年に「アララギ」以外の雑誌「婦人ノ友」に発表したこの「雉子」の連作十二首は自らに期するものがあったのではあるまいか。

『青牛集』大12

親馬も子馬も顔をあげにけり日光《ひかり》かげろふそのたまゆらを

『全歌集』の年譜の大正十二年の項に「五月、白秋、夕暮、篤二郎、東聲等と下総に吉植庄亮を訪うて印旛沼に遊んだ」とある。吉植庄亮は千葉県印旛郡生まれの歌人で、明治三十九年に金子薫園に師事、大正十一年には今に続く歌誌「橄欖」を創刊した。大正十三年には千樫や白秋等と共に「日光」創刊に加わった。千樫には同じ千葉県出身の歌人ということもあり、親近感を抱いていたことは想像される。なお庄亮は印旛沼近郊の開拓に大きな功績を残し、後に衆議院議員として国政に携わったことでもよく知られる。

掲出歌は「沼畔雑歌（一）」中の「母馬と仔馬」の連作中の一首である。千樫が牛を詠んで多くの秀歌を残したことは前述したが、晩年になると馬もよく詠んでいる。ただ牛の作と比べるとやはり見劣りするところは否めないところである。そんな中で掲出歌は、馬の親子の一瞬の動作を捉えて印象的な一首となっている。「も」の反復も効果的で、これにより馬の親子の睦まじいさまが彷彿する。次の二首なども馬の親子の睦まじい様を捉えて心に残る。

離れゐて草はみ遊ぶ馬の子のややに寄り添ふ親のかたへに
夕づきてそよぎ寂しき草原に寄り添ひ立てり馬の親子は

当時、成田近郊では馬がよく飼われており、放牧場も多数あった。庄亮も馬を飼っており、千樫は掲出歌の前に置かれた「吉植邸」の連作中で「草原を足《た》らひたるらし昼ふかき厩《うまや》に入りぬ親も仔馬も」等の作を為している。

千樫はこの頃印旛沼をよく詠んでおり、『全歌集』には大正十年から十三年にかけて九十六首が収録されている。大正十一年の作を除けば、畏友吉植庄亮を訪ねた折の作であるが、これほど多く作ったのは、故郷房州にはない印旛沼の茫漠とした風景が鬱屈した千樫の心を慰めたからではあるまいか。終わりに「沼畔雑歌（一）」から二首抄出する。

うち見れば印旛《いには》の大沼《おほぬ》おぼほしく濁り光れり青原の中に
沼の香のにほひしみらに照りそよぐこの蘆原のよしきりの声

『青牛集』大13

やちまたの焦土《せうど》のほこりおぼほしく空をおほひて太陽は落つ

大正十二年九月一日の関東大震災を詠んだ「苦寒行」十首中の一首。千樫は青山の自宅で被災したが、家族は皆無事であった。「苦寒行」は「大き地震《なゐ》のなごりの地震《なゐ》のしばしばもいまだゆりつつ年くれにけり」の一首からすると詠まれたのはその年に十二月と思われる。橋本徳壽はこの一連を「救済会のバラックでの歌である」(『古泉千樫とその歌』)と述べている。隅田川端にあった水難救済会の事務所は震災で焼失したか倒壊したかで、しばらくはバラック立ての仮設の事務所で運営していたと思われる。

千樫は、自然の大災害を詠んだり雄大な風景を詠むのはどちらかというと不得手だったようだ。掲出歌なども精一杯背伸びして詠んでいるという感じである。ただこの一首でも千樫の歌らしい特徴が見える。三句「おぼほしく」はぼんやりとしてはっきりしないという意であるが、千樫はこの語を多用している。何首か用例を挙げる。

おぼほしく時雨もよほせり新田の道遠くして沼いまだ見えず
おぼほしく濁りうづまく川口を大き流れ木光りつつ見ゆ

二首とも何か茫漠とした感じを「おぼほしく」に籠めていると思われるが、掲出歌の「おぼほしく」にはその上にいい知れない不安感も籠められているように思う。掲出歌はこの「おぼほしく」の一語により千樫独自の歌になったと言える。焼け跡の寂寞とした光景の中寒風が埃を舞い上げぼんやりと淀んだような西空に太陽が沈んでいく様が見える。「やちまたの焦土のほこり」の簡明な描写にも着目したい。

大川の水さむざむと日は暮れてこれの板屋にひとりなりけり
粗家《あらいへ》の板屋のうちにひとりゐて寒さはしるしさ夜ふけにつつ
大き地震《なゐ》のなごりの地震《なゐ》のしばしばもいまだゆりつつ年くれにけり

千樫の作は大災害を詠んでもその調べは繊細にして伸びやかだ。何かちぐはぐな感じがしないではないが、これらはまぎれもなく千樫の歌であると言える。

『川のほとり』『青牛集』大13

わが家《いへ》の古井《ふるゐ》のうへの大き椿かぐろにひかり梅雨はれにけり

大正十三年四月の「日光」創刊号に発表した「井戸替」の連作二十首の冒頭の一首である。千樫は釈迢空、石原純、北原白秋、前田夕暮、木下利玄、吉植庄亮らと共に「日光」に加わった。これが島木赤彦の怒りを買い、アララギとの訣別を余儀なくされた。赤彦は翌月の「アララギ」に「切に健在を祈る。三氏を中心としてアララギにゐた会員諸氏は、この際矢張り日光に行くのが本当であると思ふ。遠慮なく御決めを願ふ」と書いた。こうしたことからこの「井戸替」は歌人としての自らの再生への願いの籠もる一連であり、掲出歌はその序章とも言える一首である。千樫の生家は昭和十四年に自宅から失火して全焼したため、現在の母屋は改築されたものである。しかし現在椿の井戸と言われる古い井戸は昔の名残を留めている。その井戸は母屋に向かって右側の庭隅の椿の古木の根元にある。それは岩を抉ったような小さな井戸で現在は幅は約一メートル深さはせいぜい三十センチの井戸と言うよりも溜まり水といった感じである。今は下から湧き出ている様子はなく、岩壁から染み出る水がそのまま溜まっているという印象である。

掲出歌に「大き椿」とあるが、井戸を覆うように生えているその椿は古木ではあるが大木ではない。ただ「『大椿』ではなく『大き椿』として軽く滑ることを避けた」（『古泉千樫とその歌』）という橋本徳壽の指摘はもっともと思う。「かぐろにひかり」は、椿の濃緑の葉に射す陽射しの強さを思わせると共に、梅雨明けの到来を象徴的に告げている。結句の「梅雨明けにけり」の詠嘆はこの具体性に支えられている故に直に心に響いてくる。

この一連に付き、歌人としての自らの再生への願いの籠もる連作と述べたが、それにとどまらず、上田三四二の言うように人間として新生することへの祈りの籠もる一連（『鑑賞古泉千樫の秀歌』）と言っても良いのではないか。

つゆ晴れて朝日あかるし今日しもよこのわが家の井戸払《ゐどはら》ひせむ

掲出歌に続く一首である。三句「しもよ」とそれに続く「このわが家の」はくどいと思われるほど力が籠もっているが、そこに井戸払いが歌人としての再出発も含めた自らの新生に繋がって欲しいという一途な祈りが籠もっているように思えてならない。

『川のほとり』『青牛集』大13

素足にて井戸の底ひの水踏めり清水つめたく湧きてくるかも

掲出歌の前に次の一首がある。

井戸払ひすらくともしも一柄杓《ひとひしやく》まづ汲みあげてくちすすぐかも

千樫は井戸払いをする前に井戸の水で口を漱いだ。それは井戸には水の神が宿るという先祖伝来の信仰に基づく儀式である。口を漱ぐのは禊ぎの簡略された行為であり、まず身を清めてから神の宿る井戸の水を払おうというのである。

ところで千樫の生家の近くに熊野神社が鎮座するが、熊野本宮大社を本社として各地に勧請されたこの社のご神木は椿であると言われている。千樫生家の古井を覆う椿の古木ももしかしたら井戸を守るご神木と思われていたのかも知れない。なお「ともしも」はこの場合「心がひかれる」ほどの意で万葉集に「見まく欲り来《こ》しくも著《し》るく吉野川音のさやけさ見るにともしく」等の用例がある。

年ながく払はぬ井戸の梅雨濁《つゆにご》り匂ひさびたる水になりにけり
太幹《ふとみき》の椿の根ろの青苔もさやにあらひて井戸は晒《さら》すも
水垢《みづあか》の匂ひまがなし汲み汲みて井戸の底ひにおり立ちにけり

梅雨で濁り長年払わなかったため、澱んで水垢の匂う水をすべて払い、椿の根を覆う青苔の汚れをきれいに洗い、井戸に潜んでいた鮒はあらかじめ汲み置いた盥の水に放つ。そうして払い終わった井戸の底に素足で降り立った。

掲出歌は一見苦労せずに自然に口を衝いて出てきたような歌と思われがちであるが、三句で一呼吸置いたところは高手であるし、「水踏めり」は中々出てくる言葉ではない。この言葉があるから下句が活きてくるのである。足裏に湧いてくる清水の冷たくこそばゆい感触、その感触を初めて直に身に受けた感動が結句「けるかも」に籠められている。自らの再生を願う気持ちも感じられる一首である。

『川のほとり』『青牛集』大13

山のうへに入日あかあかとかがやけりわが祖《おや》たちは健かにありし

半日程かかって井戸替えを終えたあとの一首であるが、独立した一首としても充分に味わえる。初句「山」は嶺岡山を指す。嶺岡山は前述したように特定の山の名称ではなく、標高四〇八メートルの愛宕山を主峰とし、安房の中央部に連なる長大な山嶺全体を指す。千樫の生家から間近に見えるのは馬の背山である。

その嶺岡山に今夕日が赤赤と輝きながら沈んでいく。井戸払いを終えてほっとした千樫はその夕日を仰ぎながら思いは我が家の祖先に及んでゆく。今自分が仰いでいる夕日を我が家の遠い祖先達も日々仰ぎながら活き活きと暮らしていたであろう。結句には遠い祖先とのつながりを認識すると共に、そのつながりの中で生かされてことに温もりを感じている千樫がいる。井戸替は千樫にとって自らの再生への祈りのみならず、遠い祖先とのつながりを自らに認識させる行為でもあった。

しかし当時は家を継ごうという気持ちは捨てていたと思われる。一時は東京での貧しい暮らしに耐えかねて、故郷に帰り農に生きようという気持ちになったが、様々な事情から決心がつかなかったのだ。

飲井戸の水替へにけりひとりして家守《いへも》る母のまさきくありこそ

この一首中の「ひとりして家守《いへも》る母」からは千樫がもはや故郷に帰る気がなかったということが推測される。すなわちこの一首には結句「まさきくありこそ」を中心に自分や弟妹三人がみな家を出た後、一人で家を守っていく母の幸せをひたすら祈る心情が籠められているのである。井戸替えは自らの再生への祈りでありかつ祖先とのつながりを認識する行為であると述べたが、それは生家との別れを伴うものであった。

「井戸替」の連作を発表して二ヶ月後の六月、『全歌集』の年譜によれば、「この頃から胸に病を危惧した」とある。体調の異変に気づいたのであろうか。千樫は結核の感染を恐れていた。そしてその恐れは現実のものとなった。八月二十七日に突然喀血したのである。上田三四二は「この新生の儀式の底には、崩れてゆく何ものかへの暗い予感がなかったであろうか」(『鑑賞古泉千樫の秀歌』)と述べている。

うつし身のわが病みてより幾日《いくひ》へし牡丹の花の照りのゆたかさ

『川のほとり』『青牛集』大13

「井戸替」の一連を発表して間もない頃の作。

牡丹は春に直径二十センチもある大輪の花を開く。その色は紅、紫、白などとりどりである。掲出歌は牡丹を詠んだ五首のうちの一首である。

牡丹を詠んだ作としては木下利玄の大正十年の作「牡丹花は咲き定まりて静かなり花の占めたる位置のたしかさ」、「花びらの匂ひ映りあひくれなゐの牡丹の奥のかがよひの濃き」等がよく知られているが、千樫が作歌するにあたりこれらの歌を意識していたことは間違いない。ただ利玄の作が牡丹そのものの美を客観的に詠んでいるのに対し、千樫の作は自分の身に引きつけて詠んでいるという点でより主観的である。千樫の作は牡丹の花の美を詠むよりもむしろ牡丹の花を病牀に飾ってくれた妻への感謝の思いを詠むことを主眼にしている。

千樫がこの頃病を危惧していたことは前述した通りで、七月二十七日付の同郷の漢人幸政宛ての書簡に「今春来やや健康を損し居り候」の一文が見える（『古泉千樫とその歌』より引用）。

妻が病牀の千樫の心を少しでも明るくしようとして思い切って買ってきた牡丹。その牡丹は何日経っても枕辺で豊かに紅に照り輝いている。瓶に挿された牡丹の花の輝きを見るたびに千樫の心は一時明るい希望で満たされたことであろう。なお三句「幾日へし」はここで切れているとも「牡丹の花」に係っているとも取れるが、ここは後者に解釈する方が調べからいっても自然である。

終わりに連作中の他の四首を記す。一つの花を題材に詠んだ作としては前述した木下利玄の「牡丹花」や正岡子規の藤を詠んだ一連が知られているが、千樫のこれらの作もこれに優るとも劣らない作と思う。

くれなゐの尺《しやく》ばかりなる牡丹の花このわが室《へや》にありと思へや
大輪《たいりん》の牡丹かがやけり思ひ切りてこれを求めたる妻のよろしさ
瓶《かめ》の中に紅き牡丹の花いちりん妻がおごりの何《なん》ぞうれしき
まづしくて老いたる妻が心よりこの大き牡丹もとめけらしも

おり立ちてこの大《たい》ぜいのよろしもよ原の大田《おほだ》を今日植うるかも

『川のほとり』『青牛集』大13

「田植」の連作中の一首。一連の「朝早く代掻きけらし唐椎《たうじひ》の花咲くかどに牛休めあり」から推測すると場所は郷里の吉尾村、季節は五月末から六月初め頃と思われる。唐椎は学名マテバシイと言う常緑高木で、房総半島の山々や集落の至る所に繁茂している。

千樫の郷里は長狭街道沿いに平地が開けているが、山裾には棚田が広がっている。千樫の生家近くにも棚田があるから、帰省の折に見た光景を後に連作として発表したのかも知れない。

初句「おり立ちて」は普通「おり立てる」とするところだが、こうすることにより大勢の早乙女等の動きがはっきりと見え、結句「今日植うるかも」の詠嘆と相俟って、今しも田植を始めようとする躍動感が伝わってくる。三句「よろしもよ」は「結構なことだ」「好ましいことだ」ほどの意。ここで一呼吸置いたことも千樫の感動を伝えて効果的である。以下三首抄出する。

これの田を植うるにしあらし畦の上《うへ》に早少女《さをとめ》ならべり十五六人
うちならび植うる人らのうしろよりさざなみよする小田《をだ》のさざ波
下《した》の田に今うつりたる早乙女ら小笠《をがさ》はとりてすずしかるらし

一首目。田植をする準備が整い、早乙女十五六人が畦の上に並んでいる。千樫は少し距離を置いて眺めているのであろう。紺の絣のもんぺを履き、頭巾の上に小さな菅笠を被った早乙女たちの姿が目に見える。二首目。横一列に腰を屈めて田植をしている早乙女たち。その後ろから新緑の香を含んだ爽風と共にさざ波が寄せてくる。それはあたかも健やかに田植に勤しむ早乙女たちに優しく語りかけるかのようだ。「さざなみ」の反復が効いている。三首目。上の田を植え終え下の田に移った早乙女が小休止しているところだ。小笠をとった早乙女たちのいかにも涼しげな姿が「小笠は」によってはっきりと眼前に浮かぶ。ここは「小笠を」ではいけないのだ。

一連を通じ早乙女たちの田植を見つめる千樫の眼差しはこの上なく温かい。その根底には郷土房州の風土への愛着と共に、故郷の人々の農に生きて翳りない姿への心の底からの共感があるのではないか。

『川のほとり』『青牛集』大13

朝早み鳥屋《とや》を出でたる鳥のむれ鵞鳥《がてう》はすぐに堀におりゆく

「沼畔雑歌（二）」の連作中の一首。千樫は大正十三年六月に石原純、原阿佐緒等と共に房州富浦の枇杷山に遊び、帰りに印旛沼畔に吉植庄亮を訪ねた。前年にも印旛沼に遊び、大作を為しているが、この年の連作の方が出来映えにおいては優れており、千樫の写実力がいよいよ深まってきたことがはっきりと窺われる。

梅雨《つゆ》晴れて夕空ひろしここに見る筑波の山の大きかりけり
蘆原《あしはら》のあしの葉ずゐの夕あかりよしきり飛びて光りつつ見ゆ
おぼほしく厩をおほふ蚊遣火のけぶりは靡く夕沼《ゆふぬま》のうへに

一首目は広大な風景の中から夕空に浮かぶ筑波山を切り取り、単純な構図に仕立てたことが効いている。「ひろし」と「おおきかりけり」が連動呼応し、筑波山が眼いっぱいに迫ってくるかのようだ。二首目は繊細な叙情性が「葉ずゑの夕あかり」、「光りつつ見ゆ」の確かな写実に支えられている一首である。また上句のように「の」を畳みかけ体言で止める手法は千樫のよくするところで、明治四十三年の「合歓の花」の一連に「川隈の椎の木かげの合歓《ねむ》の花にほひさゆらぐ上げ潮の風に」、「ねむの花匂ふ川びの夕あかり足音《あおと》つつましくあゆみ来らしも」などの用例がある。三首目もまた叙情的で味わいがあり、蚊遣火の煙が夕沼に靡いているという具体的描写により、印旛沼の静かな夕景が彷彿するのみならず、背景の里人の生活まで想像される。

　掲出歌は鵞鳥の活き活きとした生態を活写している。鵞鳥はカモ科の家禽で肉用や愛玩用として飼育されている。当時は印旛沼畔でも盛んに飼育されていたのであろう。早朝の鳥屋から一斉に出てきた鵞鳥の群れ、それを三句でさりげなく「鳥のむれ」と詠み、すぐに鵞鳥と言わないところに苦心の跡が見られる。そして四句ではっきりと「鵞鳥」と詠み、印象鮮明な一首となった。何よりも下句の具体的表現が効いている。見たままをそのままさらりと詠んでいるという感じであるが、「すぐに」は中々得がたい表現である。この一語により生動した一首と言って良い。

病める身を静かに持ちて亀井戸のみ墓のもとにひとり来にけり

『川のほとり』『青牛集』大13

大正十三年七月三十日、千樫は伊藤左千夫の墓参に出かけた。六月に印旛沼に遊んで以後、千樫は体調が優れず、前述した七月二十七日付の漢人幸政宛ての書簡中に「小生のからだどうもはか〴〵しく無之愈々医師より絶対安静を命ぜられ食物も流動食のみをといふことにさせられ申候」とある。墓参のわずか三日前である。それでも千樫は病体を押して墓参に出かけたのだ。「病める身を静かに持ちて」の簡潔な描写について上田三四二は「歩く歩幅の振動をさえ厭って、ひびの入った甕かなにかを運ぶように自分の体を引きずって行く千樫の様子が目にみえるようである」（『鑑賞古泉千樫の秀歌』）と比喩を用いながら述べている。師左千夫への敬慕の深さが窺われる一首であるが、同時に左千夫に何かを誓いたかったのかも知れない。

掲出歌を含む「左千夫忌」の連作中に「ひとり」が多用されているところに注目すべきだ。

去りがてにこのおくつきに手をかけて吾は立ちをりひとりなりけり
み墓べの今朝の静けさひとりゐるわれの心は定まりにけり

この「ひとり」という思いはこの年の四月に創刊された「日光」に加わったことにより決定的になったアララギとの訣別に起因することは明らかだ。「よき友はかにもかくにも言《こと》絶《た》えて別れゐてだによろしきものを」中の「よき友」はアララギの斎藤茂吉であり中村憲吉であり土屋文明であったであろう。往き来することが殆ど無くなってしまってもなお親しく思われるアララギの友ら、二首目の下句にはその掛け替えのない友等とも別れて独りで歌の道を歩んでいこうという決意が籠められているのではないか。病を押して左千夫の墓に詣でたのはそのことをはっきりと師の前で誓うためだったのであろう。

翌年の四月千樫は自選歌集『川のほとり』を出版した。千樫生前唯一の歌集である。千樫はその「巻末小記」の結びに次のように記した。

「自分は『アララギ』及び其同人に対する敬愛と感謝との心を失ひたくないと思ふ。しかし、歌の道は結局は一人のみちである。わたくしは病体を護りつゝ、静かに歩いて行かう」

『青牛集』大13

ひたごころ静かになりていねて居りおろそかにせし命なりけり

千樫の作の中で最も世評の高い連作の一つである「稗の穂」十一首中の一首。千樫は大正十三（一九二四）年八月二十七日に突然喀血した。受診したところ肺結核に感染したことがわかり、以後ながい病牀生活を余儀なくされた。「稗の穂」の一連はそうした死と隣り合わせの日々の中から生まれた作品である。この連作が成った時期について橋本徳壽は『全歌集』の年譜で十月から一ヶ月故郷で静養した後帰京した十一月に病を養いつつ作ったと記し、『古泉千樫とその歌』では郷里で静養中に作ったとも記している。それに対し、上田三四二は「歌われている時期は帰郷以前、すなわち喀血時から十月に到る間であったと思われる」と述べるが、作品が成った時期については言及を避けている。私は作品の原型は帰郷以前すなわち東京の自宅で静養している時にすでに出来上がっていたと考える。そしてそれらを推敲すべく歌稿の包みを持って帰郷したのだが、結局ひと月の間何もしないまま十一月に帰京、その後推敲して作品に仕上げたのではないかというのが私の推論である。『川のほとり』の巻末小記には帰郷中に歌稿には何も手をつけなかったことが記されている。なお「稗の穂」が発表されたのは、翌年の「日光」一月号であった。

掲出歌初句「ひたごころ」はひたすらという意。心身をひたすら静かに保って仰臥する日々、その中から吐息のように自ずから口を衝いて出てきたのは「おろそかにせし命なりけり」という過去の生活への悔いであった。その悔いの深さは結句の「なりけり」の詠嘆により強調される。しかしそれは切迫した感じは一切なく、調べは深く沈潜している。それ故に千樫の感慨が一層深く読む者の心に染み入るのである。

掲出歌の前に次の一首がある。

いきのをに息《いき》ざし静めこの幾日《いくひ》ひた仰向《あふむ》きに寝《い》ね居《を》る吾《わ》れを

一連の序章とも言える一首である。「いきのをに」は「命がけで、絶えず」の意。ただならない病状であることがはっきりと見てとれる語である。ひたすら呼吸を静め仰臥する状況に陥った自らへの嘆きが結句「吾《わ》れを」に強く籠められている。「を」は詠嘆の意を表す間投助詞で万葉集に多く用例がある。

おもてにて遊ぶ子供の声きけば夕かたまけてすずしかるらし

『川のほとり』『青牛集』大13

掲出歌が詠まれた時期は下旬から推察すると日中の暑さが残る晩夏、すなわち千樫が病床に伏して間もない頃と思われる。重篤に陥り病牀に臥すある日の夕方、千樫の自宅の前の空き地で遊ぶ子供達の声が聞こえてくる。起き上がることさえ出来ない千樫の耳に聞こえてくる明く屈託ない子供達の声、その声から外はもう夕方になって涼しくなっているに違いないとふと思うのである。千樫はどのような気持ちでその声を聞いたのだろうか。無心に遊ぶ子供達を包む涼しく清んだ夕べの空気、それは千樫の心境をそのまま映しているかのように寂しさと哀しさを孕んでいる。

さて歌中の「おもてにて遊ぶ子供の声聞けば」は梁塵秘抄の「遊びをせんとや生れけむ、戯《たはぶ》れせんとや生れけん　遊ぶ子供の声聞けば　我が身さへこそ動《ゆる》がるれ」の影響を受けていることは以前からよく言われているところである。しかし千樫は徳壽に「この歌はすらすらと出来た歌であるが、あとで、遊ぶ子供の声聞けばという句が、梁塵秘抄にあることを思い出してはっとしたよ」（『古泉千樫とその歌』）と語ったという。橋本德壽は掲出歌につき次のように述べている。「『梁塵秘抄』にその句があるからといって千樫の歌が影をひそめるものではない。千樫はみずからの血液のあたたかさを以って、これを完全に自分のものとして生かしている」（『古泉千樫とその歌』）。私もその見解を首肯したい。

掲出歌に次の一首が並ぶ。

うつし世のはかなしごとにほれぼれと遊びしことも過ぎにけらしも

子供たちが無心に遊ぶ声に触発されてこうした感慨が生まれたのだ。「はかなしごと」は取るに足りないことの意。千樫にとってそれは具体的な何かではなく、生きて居るそのこと自体を「はかなしごと」と捉えて居るようにも思われる。「ほれぼれと」は心を奪われてうっとりする様を言う。千樫は自らの過去の生き様をこの句にこそ籠めているのであろう。現世の取るに足りないことにほれぼれと遊んできたことももう過ぎてしまったという深い詠嘆、そこには嘆きを超えた諦観が確かに生まれている。

『川のほとり』『青牛集』大13

秋空は晴れわたりたりいささかも頭《かしら》もたげてわが見つるかも

「稗の穂」の連作は十一首で構成されているが、その間にかなりの時間の経過が認められる。冒頭の「いきのをに息ざし静め」の歌から「うつし世のはかなしごとに」までの歌は、前述した「おもてにて遊ぶ子供の声聞けば夕かたまけてすずしかるらし」の歌から推測すると、晩夏の頃と考えられる。この頃は体を動かすことさえ出来ないほどの重篤であった。掲出歌の直前に次の歌がある。

うつし身は果無《はかな》きものか横向きになりて寝《い》ぬらく今日のうれしさ

病気がやや持ち直し、今日は横向きになって寝ることが出来る。たったそれだけのことを喜ぶわが身のはかなさを思いつつも、重篤から脱しつつあることを素直に喜ぶ心情が詠われている。そして掲出歌に続くのであるが、ここで初めて「秋空」が出てくる。「秋空は晴れわたりたり」というからにはもう季節は晩夏ではなく、秋たけなわの時期であろう。

千樫の家は裏に高い崖を背負った粗末な二軒長屋の一軒であった。二階建てとなっており、病牀はその二階にあった。その部屋の三方は書籍が山積になっており、南側は日が差して明るかった。千樫の死後病牀を整理すると、蔵書は二千三百冊にのぼったという（大熊長次郎『晩縁記』）。千樫は天井に届くかと思われるほどの本に囲まれながら長い間病牀に臥していたのである。

南向きの病牀から僅かに頭をもたげて外を見ると、眼いっぱいに広がる秋の空。その深々と澄んだ秋の大空は「いささかも」のかすかな動作との対照によって一層鮮やかに迫ってくる。「も」はその対照性をさらに強調する効果がある。いずれにしろ千樫は久し振りに見る澄んだ青空に秋の到来を実感したことであろう。

終わりにこの一首の構成について指摘しておきたい。ここは順当ならば「いささかも頭《かしら》もたげて」が上句に置かれ「秋空は晴れわたりたり」は下句に置くべきところである。それをあえて倒置したことにより、印象鮮明な一首となった。更には結句を「わが見つるかも」の強い詠嘆で収めたことも三句以下が説明になることを防いでいる。

『川のほとり』『青牛集』大13

秋さびしもののともしさひと本《もと》の野稗《のびえ》の垂穂《たりほ》瓶《かめ》にさしたり

初句「秋さびし」は文法的に解説を加えると、「秋さび」+「し」となり、「さび」は「そのものらしくなる」という意の上二段活用の接尾語「さぶ」の連用形、「し」は助動詞「き」の連体形である。初句の「さびし」を形容詞の終止形にとるのは勿論誤りである。ここを終止形とすると初句、二句と連続して句切れが生ずることになり、稚拙な歌になってしまう。また千樫の歌には初句切れは「もやもやし大野のみどり色に立ち黄なるが中に日の沈む見ゆ」他数えるほどしかない。

「秋さぶ」は「夕日さす外山の梢秋さびて麓の小田も色づきにけり」（風雅和歌集）等の用例がある。

以上を踏まえると初句は「すっかり秋らしくなった」という意に解釈するのが自然であろう。また動詞としての「さぶ」には「衰える、寂れる、色が褪せる」の意があることから、「秋らしくなった」という言葉にはもの寂びたイメージが自然と重なってこよう。
すっかり秋らしくなりもの寂びた感を深くする秋の一日、買い物帰りにたまたま摘んできたのだろうか。妻が千樫の枕辺に置かれている瓶に、一本の野稗を挿した。それは病牀から起きられない千樫に少しでも季節の移ろいを感じさせてやりたいという思いやりの発露であろう。野稗は犬稗の別称でイネ科の一年草である。高さは八十センチほど、葉は線形で、夏から秋にかけて穂を出し、緑や紫の花を開く。病牀で横向きになって野稗の垂穂を見つめる千樫。その眼うらには野稗の背景の澄んだ秋空が浮かんでいたのではあるまいか。

秋の空ふかみゆくらし瓶《かめ》にさす草稗《くさびえ》の穂のさびたるみれば

「秋さびし」と並ぶ、千樫の作で白眉とされる一首である。結句の「さび」は動詞で前述したように「衰える、色が褪せる」の意。おそらく「秋さびし」の作から何日か経って成った作であろう。千樫は病牀で色褪せた草稗の穂を見つつ、日ごとに深まってゆく秋の空を思い浮かべているのである。日ごとに藍色の深まってゆく秋の空、それは一時病苦から解き放たれた澄んだ心境を映しているかのようだ。

充《み》ちわたる空の青さを思ひつつかすかにわれはねむりけらしも

『川のほとり』『青牛集』大13

私は「稗の穂」の一連十一首の中で最もこの歌に惹かれる。「秋さびしもののともしさ」や「秋の空ふかみゆくらし」の歌に比べて全く構えが見られず、自然に詠んでいながら一首全体から何とも言えない浄福感に包まれているのを感じるからである。充ちわたる空の青さを思い浮かべつつふとまどろんだ時覚えた、えも言われぬ浄福感、それは心と青空が融け合っているような感覚とでもいおうか、そしてその感覚はまどろみから醒めたあとも千樫の五感に余韻のように残っているのである。私には掲出歌は病苦の超えた後に達し得た至境を暗示しているようにさえ思われる。

さて「稗の穂」の一連は千樫の作の中で高峰中の高峰である。のみならず近代短歌の一つの到達点を示す秀作であることは間違いない。橋本徳壽は「稗の穂」の一連につき、「これまでの千樫の作品はこの一連のための準備であった言っても過言ではなく、千樫全作品中からただ一連を選抜するとならば私は躊躇なくこの一連を挙げる」と述べた後、「端正端麗、温而秀なるなかに、無限の哀韻がある。辛苦鍛錬の結果達した人生の深奥所とはまた別な、豊けくおおらかかに、ねもごろにあたゝかく、然も限りなく寂しく、おのずからにして歩み達し得た人生の至境である」と述べている。私はこの言葉に付け加える何ものも持たない。

思うに徳壽の評中の「ねむごろにあたゝかく」ほど千樫の歌風を表した言葉はあるまい。そしてその歌風は、晩年になって千樫の作が深化するほど際立っているように思われる。日本語ののびやかな調べに乗せて紡ぎ出される温順にして高雅な世界、これこそ千樫短歌の本質と言ってよく、それは自然条件の厳しい風土で育った茂吉や赤彦とはまた別の世界である。私は「ねむごろにしてあたゝかく」のことばに収斂される千樫短歌の特色を語るにあたり、作品の背景の千樫を育んだ房州の風土を思わないわけにはいかない。

気候温暖で人と人とが農作業や四季折々の民俗行事などで濃密に関わり合いながら、遙か昔から育んできた人に優しい風土、これこそ千樫短歌の原点であり土壌なのだと改めて思う。千樫と同郷の私は、その作品の多くから千樫が「皐月空《さつきぞら》明るき国」と詠った郷土房州の明るい風光を感じるのである。

『川のほとり』『青牛集』大13

秋晴《あきば》れの長狭《ながさ》のさくの遠《とほ》ひらけひむがしの海よく見ゆるなり

大正十三年十月、千樫は結核の療養のために帰郷し、約一ヶ月間生家で過ごした。掲出歌はその間の作と思われる。帰郷中に病状はかなり軽快したらしく十一月六日付の弟直次郎宛ての手紙に「小生こちらへ来てもう二十日ばかりになります。余程よくなりました。一昨日は種畜場へ行つて一日遊んできました。がそれほど疲れませんでした」とある。千樫は歌稿の包みを持って帰郷したのだが、それを解かないまま十一月初旬に帰京した。『川のほとり』の巻末小記には「久しぶりに接した郷里の秋は、自分にたゞ親しくて、毎日家のまはりの小道や近い山のあたりをぶら〳〵散歩して、疲れゝば昼寝をして、ひと月ほど居る間に何にもしなかつた」と記されている。

掲出歌は暇に任せて近くの山に登った時の作であろう。千樫の生家の近くには千葉県の最高峰で標高四〇八メートルの愛宕山を中心として南西に小さな山の起伏が連なっている。生家から南西に向かって登っていくと次第に視界が開け、長狭《ながさ》平野が展望される。平野というと一般に広大というイメージを持ちがちであるが、長狭平野はそうではなく嶺岡山系と安房上総の境の郡界尾根に挟まれた加茂川の流域の細長い平地と言った方がふさわしい。そのような山間の細長い土地を「さく」と言ったのではないか。千樫はその長狭平野を山上から展望しているのである。現在は木々が生い茂って見えないが、当時は山上に立つと、南東の方角に平野のはるか先に太平洋が見渡せたのである。秋の陽射しに輝く太平洋が目に見えるようだ。

掲出歌の伸びやかな調べも心地よく、小康を得て秋晴れの故郷の景を眺める千樫の心の安らぎが伝わってくる。

ひとり親《した》しく焚火して居り火のなかに松毬《まつかさ》が見ゆ燃ゆる松かさ

掲出歌と同じく「焚火」の連作中の一首。初句の字余りについて上田三四二は「卒然と、素朴に読者を誘い込む調子があって成功している」と言う（『鑑賞古泉千樫の秀歌』）。「火」と「松毬」の反復が快い調べをもたらし、結句を体言止めにしたことにより、燃える松毬が眼に迫ってくる。「燃ゆる松かさ」を見つつ独り心を遊ばせている千樫が浮かぶ。

『青牛集』大14

み冬つき春の来むかふ日の光かくて日に日に吾れは歩まむ

故郷での療養一ヶ月、千樫は病状がやや回復して十一月に帰京したが、帰るとまた悪くなった。『川のほとり』の巻末小記に「十二月になつてわたくしのからだはまた悪くなつた。殊に十二月二十六日からは仰臥したまゝ絶対安静を保つて居らねばならぬやうになつた」とある。

年が明け、二月になると少しずつ起きていられるようになった。掲出歌はおそらく二月の末頃の作であろう。掲出歌を含む「寸歩曲」の一連は、最晩年の「病牀春光録」に繋がる秀作である。不治の病を抱えながらも漸く外を歩くことが出来るようになった喜びが、一切の修辞とは無縁の自然体の描写の故に一層深く心に染み入ってくる。そこには作ろうという意識即ち構えが全く見られず、さながら見たまま感じたままに自在に詠んでいるかのようだ。

日の光あたたかければ外に出でて今日は歩めりしばらくのあひだ

「寸歩曲」の冒頭の一首である。病が軽快し早春の光に包まれながら歩む喜びが巧まずに詠まれている。結句「しばらくのあひだ」の破調も千樫の感情の気息と一体となっており、小康を得た喜びが読む者の心にも静かに充ちてくる。

家を出でて青青と晴れし空を見つなべての物ら柔らかく照れり

掲出歌の前の一首である。初句「家を出でて」の「て」は重い。そこにようやく外を歩めるようになったという感慨が籠もる。下句「なべての物ら柔らかく照れり」は久し振りに外に出たときの新鮮な驚きと共に、柔らかな自然に包まれている千樫の静かな喜びと安息感を伝えている。字余りの破調のため一見無造作に見えるが、こうした端的な把握は中々出来るものではない。それはまた生きているそのこと自体を素直に喜ぶ気持ちから吐息のように発せられた言葉であるとも言えよう。そして「見つ」の意志的な姿勢にも留意したい。それは掲出歌の「かくて日に日に吾れは歩まむ」に直接繋がる心情である。日光に春の兆しを感じ取った千樫は、その柔らかな日差しに促されるように日に日に歩いて行こうと詠う。掲出歌から生きる意志が確かに甦った千樫の姿が見えてくる。

『青牛集』大14

枯木みな芽ぐまんとする光かな柔らかにして息をすらしも

「寸歩曲」中の一首。漸く外を歩くことが出来るようになった千樫は、嬉しさを噛みしめながら、自らの歩みを確かめるように一歩一歩ゆっくりと歩いて行く。連作中に次の一首がある。

外にいでて歩めば今日のうれしもよしづかに吾れは行くべかりけり

下句は自らの歩みを詠うのみならず、これからの人生を静かに歩んでいこうという意も含まれているようにも思う。この年の五月に出版された『川のほとり』の「巻末小記」の結びに「わたくしは病体を護りつゝ、静かに歩いて行かう」とある。

久し振りに外気に触れた千樫にとって、見に見えるものすべてが新鮮であった。

きさらぎのひるの日ざしのしづかにて梅檀の実は黄に照りにけり

二月の静かな日ざしを受けて黄に耀く梅檀の実、故郷の野山でも始終目にしていたその黄に耀く小さな実を仰ぐ千樫の目は穏やかだ。歌中の昼の日ざしの静かさは、千樫自身の心の静かさにも通じる。生きる喜びが静かに伝わってくる一首である。

そして、その生きる喜びが最も強く感じられるのは掲出歌である。青山墓地に向かう歩みの途次であろうか、すっかり葉を落とした落葉樹の乾いた枝先一つ一つが二月の日ざしを受けて輝いている。三句で一呼吸置いたことがその光景を一層印象深く伝えている。千樫はその景を「柔らかにして息をすらしも」と直感的に詠う。この端的な把握は鋭く且つ深い。千樫は芽ぐもうとする木々の命の息づきを確かに感取している。長い闘病生活がこうした現象の奥を見据える眼の深さを養ったのであろう。ふと立ち止まり、柔らかな二月の光に輝く木々の枝枝に眼差しを注ぐ千樫、生きていることそのものへの感謝の気持ちが自然に湧き起こってきたことであろう。

この頃から一時千樫の病状は軽快し、五月に出版した自選歌集『川のほとり』は歌壇に広く迎えられ、「日光」や「アララギ」でも合評が行われた。

『青牛集』大14

露の音たえまなくしてこの山のあかつき近くなりにけらしも

「清澄山」の連作中の一首。大正十四年に発表された連作であるが、この年に清澄山に登ったとは考えにくいから、回想詠と思われる。清澄山は標高三八三メートル、千葉県の高峰の一つの数えられ、県内で最も多雨の地域である。幼少の頃日蓮の修行した清澄寺が在り、周辺は椎等の照葉樹が鬱蒼と生い茂っている。千樫の生家からは一旦鴨川に出て天津から清澄山に向かうコースが一般的であったと思われる。ただ連作中の「小櫃川《をびつがは》夕立ふりて濁る瀬のながるる泡を見るがすがしさ」「川上のこの道ゆきてふるさとの清澄山に今宵わが寝む」から推測すると、清澄山系の北側、即ち上総亀山あたりから四方木の集落を抜けて清澄山に登ったと考える方が自然であろう。亀山、黄和田畑から小櫃川の源流に沿って山道を山道を分け入っていくと、やがて四方木の集落に着く。ここはもう安房の国、清澄山まではは徒歩であと三十分ほどだ。「川上のこの道ゆきて」の一首の弾むような調べは、故郷の清澄山に久し振りに一夜宿ろうとする千樫の心の弾みそのものだ。調べと感情が自ずから一体化した秀歌と言えよう。

大正期には、清澄寺の周辺に何件かの宿が在り、その一軒に泊まったか、或いは寺の宿坊に泊まったのであろう。夜半過ぎにふと目覚めると木々に降りた露の落ちる音が絶え間なく聞こえてくる。外は未だ闇夜である。暁近い深い静寂の中千樫は独り目覚めてその清らかな音を聴いているのである。おおらかで伸びやかな調べはいかにも千樫調といった感じで、「眺めゐる九十九谷にいくすぢの夕けのけむり立ちにけるかも」と共通するものがある。万葉調の一つの完成された型を示している一首であり、心にすんなりと響いてくる。

連作中の次の歌も万葉調そのものであり、掲出歌と同じくその調べに澱みがない。


大杉の露のしづくの光りつつみ寺の庭は明けにけるかも

明け方千樫は清澄寺の庭を散策した。境内の右端に「清澄の千年杉」と呼ばれる幹回り十五メートルの巨木が聳えている。千樫の眼は、その杉の枝枝に置く露から途切れ途切れに光りつつ落ちる雫を見逃さなかった。朝明けの山寺の清澄な佇まい、そしてそれに感応する千樫の澄んだ心境を余すところなく伝えている。

『青牛集』大14

夕づく日赤くさしたる朴の木の広葉うごかし秋風吹くも

「秋風吟」の連作中の一首。大正十四年の夏以降千樫の病状はかなり軽快した。『全歌集』の年譜には「病状は一時非常によく、ずつと休んでいた水難救済会にも十月二十三日に幾月かぶりで出勤した」とある。八月三日には橋本徳壽が入門し、十一月下旬には徳壽の案内で群馬県北甘楽郡の黒滝山に登り、帰途に伊香保に遊んだ。「秋風吟」の一連からは健康の回復に伴う心境の明らかな変化が読み取れる。

この秋をわれ肥ゆるらし起き起きの心さわやかに顔あらふかも
朝夕に時を定めてそぞろありく身のさわやかになりにけるかも
空たかみ白雲さやにうごくなり土をふみつつ仰ぎ見るかも

三首とも健常者から見ればごく当たり前のことを詠んでいるに過ぎない。しかし千樫のとって朝朝に心爽やかに顔を洗うことも、朝夕に定刻に散歩することも、自らの足で土を踏んで空を仰ぐこともかけがえの無いことなのだ。そしてこれらの描写からは三首すべてで用いられる結句「かも」の詠嘆と相俟って、与えられた命を愛しみつつ生きていこうという意志の姿勢がはっきりと窺われる。

掲出歌もこうした千樫の心情を踏まえると、結句「秋風吹くも」の詠嘆からも秋風により生きる意志を喚起された心情が読み取れよう。さらにこの一首は、朴の葉に一点に焦点を当てたことでとりわけ印象鮮明な一首となっている。秋の清澄な夕日に染まる朴の葉を揺らした秋風は、仰ぎ見る千樫の頰に爽やかな感触を残して過ぎたことであろう。病体に最も触る夏が過ぎ去ったことを実感させる秋風は、千樫にとって回復の予兆を告げるものでもあった。掲出歌に並び次の一首がある。

わが待ちし秋は来りぬ三日月の光しづけくかがやけりけり

千樫が秋の到来をいかに待ち望んでいたかが分かる一首である。掲出歌と同じく単純化が効いている。「三日月の光しづけく」以下の描写からすると、九月末頃の作と思われる。

『青牛集』 大15（昭元）

冬日かげふかくさしたる山のみ寺の畳の上に坐りけるかも

大正十四年十一月二十二日、千樫は同年八月に入門した橋本徳壽と共に群馬県甘楽郡の黒滝山に登った。黒滝山は標高八七〇メートル、山頂近くには黄檗宗の本山黒滝山不動寺がある。前日に下仁田町磐戸の徳壽の妻の実家に宿泊、早朝二人は徳壽の義兄佐藤量平氏の案内で黒滝山を目指してゆっくりと歩き始めた。落葉の降り積もった細く曲がりくねった道である。現在は車道が通じているので二十分ほどで寺の直下まで行けるが、歩けば優に二時間は掛かったのではないか。いずれにしろ長い険しい山道を登り切ることが出来たことから、当時千樫の健康が相当に回復していたことが知られよう。

山のみ寺に近づきぬらしたかだかと大き青杉日に照れり見ゆ

だらだらの上り坂も不動寺に近づくと一気に急峻となる。喘ぎながら登ってゆくと鬱蒼と茂る大杉の木立が見えてくる。不動寺まであと僅かだという安堵の思いが一首から伝わってくる。徳壽によれば初句「山のみ寺に」という七音の句を置くまでに、千樫は並大抵でない苦心をしたという。初めは「山寺に」、次に「山の寺に」とし、最後に「山のみ寺に」として始めて自分の感じにぴったりとしてきたというのである（『古泉千樫とその歌』）。

掲出歌も「山のみ寺の」を用いているが、絶妙と言うほかない。ここは安直に「山寺の」としてしまいがちなところだが、優しい響きを持つ「山のみ寺の」を三句に据えたことにより、山寺の静寂な佇まいと共に、冬の日の深くさす畳の上に座っている千樫のほっとしたような息ざしが聞こえてくる。一語一語をゆるがせにせず、納得のいくまで推敲を重ねる千樫の言わば職人技の為した一首と言えよう。

あまそそる厳《いつ》の黒岩のいただきゆほそく光りて滝落ちにけり

不動寺の本堂の右後ろには黒滝がさらさらと光りつつ落ちている。落差は十メートル足らず、私が直に見たときは抄出した一首のように水量も少なく女性的で、いかにも千樫に詠まれるにふさわしい滝のすがたであった。

『青牛集』大15（昭元）

子どもらは焚火するらし朝霜の白き外面をわれは見なくに

「八つ手の花」の連作中の小題「大霜」中の一首。大正十四年十二月頃の作と思われる。連作の初めの小題に「病牀思郷」とあり、さらには同じ連作中に「幾日《いくにち》も日のてる外に吾れ出でず命にぶりて冬ふけにけり」があるから、一時寝込むほどではないものの病状が悪化したか、自らの体調を気遣って、厳寒の続く数日を家に籠もっていたのであろう。北原由夫氏は「幾日《いくにち》も」の一首につき、どことなく諦観の心境を忍ばせる（『歌人古泉千樫』）と述べているが、私も「命にぶりて」に特にそれを感じる。

厳しい寒さの朝、床に身を横たえている千樫の耳に子どもたちの明るく弾む声が聞こえてくる。子供たちは千樫の家の前の空き地に集まって焚火をしているのであろう。部屋の中にかすかに落葉を焚くにおいが漂ってくる。一段と寒さが身に染みる今朝、外は真白に霜が降りているに違いない。しかし病身を寒気に晒すことを厭う千樫は、その清冽な朝の景を直に見ることなく、朝床に臥しながら思い浮かべているのである。子供達が焚火をしているという想像は、二句切れを経て真っ白に霜の降りた外への想像に移ってゆく。場面を切り替える上でこの二句切れは効いている。結句「見なくに」の余情を籠めた表現からは、自らの身の衰えを嘆く心情よりも、むしろ朝霜の真っ白に降りた空き地を思い浮かべて一人心を遊ばせている千樫の姿が思われる。「どことない諦観の心を忍ばせる」のは、「幾日《いくにち》も」の作と同様である。

芭蕉葉のしきりに折るる音すなり遅き朝餉をわが食み居れば

同じ「大霜」の連作中から抄出した。大熊長次郎の『晩縁記』によると、千樫の家の庭は三坪にも満たない狭さで、その庭に芭蕉が一株青々と葉を茂らせていた。千樫はその芭蕉を朝夕に眺めて心を慰めていたのであった。三句で推定の助動詞「なり」が使われていることから、寒さで芭蕉の葉が折れる音を朝食をとりながら聞いているのである。聴覚に絞って詠んだことにより厳しい寒さが強調される一首となった。同じ連作中の次の一首は、病体の作者らしからぬユーモアが感じられる。これなども「どことない諦観の心」のゆえであろう。

いささかもたべすぎぬらし冬眠る蛇や蛙のたふとかりけり

忘れえぬあはれさならむここにしてかすかに塩を含む空気を

『青牛集』大15（昭元）

大正十四年の末頃から再び病状の悪化した千樫は、翌年一月いっぱいで二十年近く勤めた帝国水難救済会を退職した。掲出歌を含む「寒潮」の一連は辞表を提出した当日の作と思われる。辞表を出した後、千樫は職場に隣接する隅田川の川岸にひとり佇んだ。かすかに塩を含む空気はここに始めて職を得た日と変わらないままだ。大川端に立つ千樫の脳裏には共に過ごした同僚たちや職場での日々の出来事が次次に浮かんできたことであろう。上句「忘れえぬあはれさならむ」には「かすかに塩を含む空気」を媒介に長い勤めの日々をしみじみと振り返る千樫の深い感慨が籠もる。なお結句「を」は感動の意を表す間投助詞で千樫には「いきのをに息《いき》ざし静めこの幾日《いくひ》ひた仰向《あふむ》きに寝《い》ね居《を》る吾《わ》れを」等の用例がある。

次の作も「寒潮」の連作中の一首であるが、勤めを辞めた千樫の深い感慨が籠もるのは掲出歌と同様である。

もの倦めば出でてわが立ちしこの河岸に寒き潮波みちうごきつつ

帝国水難救済会の事務所は隅田川の河口近くにあった。千樫は仕事に疲れた時はしばしば川岸に立って心を癒やしたのであった。勤めを辞めた今日川岸に立つと、寒潮が静かに岸辺に満ち動いている。目の下の寒々とした潮波を眺めているとおのずから二十年間の勤めの日々が浮かんでくるのであった。

「寒潮」は退職の当日、もうここに来ることは二度と無いという思いを抱きながら大川端の景物を詠んだ一連である。感情を抑制した詠みぶりの中に過ぎ去った日々への深い愛惜の念が籠もり、どの歌も捨てがたい。終わりに五首抄出する。

この河岸《かし》にならびてありし土蔵作りふたたび建たず時は移りぬ
冬日しづかに大川岸に泊りゐる舟の匂ひのあはれなりけり
いつかまた会はむと思へや大川の寒き水くみて舟あらふ人
仮橋をやうやくにしてくぐりたる五大力船《ごだいりきせん》遠くなりにけり
みちみちて潮ざゐ寒し年久にこの川口の橋をわたりし

『青牛集』大15(昭元)

夜《よる》おそく蛙なきたつ小田のみち提灯の灯のわかれゆくなり

『全歌集』の年譜によれば、大正十五年三月の末、妹のぶの長女きよ子の結婚式に参列するために帰省し、四月三日に帰京した。掲出歌はその間の作「足長蜂」の連作中の一首である。どの歌も久久の帰郷に身も心も安らいでいる千樫の姿が彷彿される佳品である。二首抄出する。

古家のひるの小床に寝て居れば足長蜂ひとつ飛びて来にけり
宵宵にこゑまさりつつなく蛙このふるさとにいく夜わが寝し

千樫の郷里吉尾村細野は純農村地帯であり、農産物の豊作を祈り様々な民俗行事が行われていた。その一つが庚申講で、六十日に一度巡ってくる庚申の夜に里人が当番の家に集まり、般若心経を読むなどして豊作を祈った後、夜遅くまでご馳走を食べて楽しんだのであった。千樫は母に変わって庚申溝に参加したのである。掲出歌の前に次の一首がある。

このゆふべ庚申講《かうしんかう》にわが行くと母はつけてくれぬ提灯の灯を

千樫の生家はなだらかな起伏の水田地帯を少し下った所に在る。一軒一軒が椎や槙の保護林に囲まれながら点在しており、家並みがひしめき合う集落という感じではない。灯りもない暗い夜道を庚申講に出かける千樫のために提灯の灯をつけてくれた母への感謝の思いが、四句「つけてくれぬ」に籠められている。これを「つけくれぬ」とすると平板になってしまう。この一首は「て」によって生動したとも言える。

掲出歌は夜遅くまで庚申講を過ごした里人たちが、畦道を三々五々帰ってゆく様を詠んだものであろう。夜遅く鳴きたつ蛙の声はむしろ静けさを強調している。そうした中を庚申講を過ごした里人が携えた提灯の灯が微かに揺れながら別れていく。自らも提灯をもちながらその光景を見つめている千樫は、こうしたゆかしい行事が連綿と行われている故郷に一層親しさを覚えたことであろう。農村の民俗を詠んだこの一首の叙情性は、千樫の故郷への深い愛着に支えられていると言って良い。

『青牛集』大15（昭元）

山行くはわが身にあしと思へどもこのふる里の山の上の道

「足長蜂」と同じ帰省中の作で「嶺岡山」の連作中の一首である。嶺岡山については既に詳述したが、山腹には我が国酪農の発祥地として知られる嶺岡牧場がある。

嶺岡山は千樫の生家の西方間近に見える。その嶺岡山に千樫は思い立って登ったのである。当時は体調も比較的良好であったと思われる。目指すは嶺岡の最高峰の愛宕山、千樫の生家から西に向かって棚田の間の狭い道を段々に登っていき、嶺岡牧場に着いたところで小休止、このあたりまでは生家からゆっくり歩いても九十分ほどで着く。急坂もないのでそれほど体に負担は掛からなかったであろう。

ここにありし牧の大木戸あけしとき馬の匂ひはみなぎりにけり

千樫が少年の頃の嶺岡牧場は中世の里見氏以来の軍馬の育成から、乳牛飼育への移行期にあった。したがってまだ馬はかなりの数が飼われていた。この一首は馬が一斉に嶺岡山麓に躍動しようとする寸前の様子を伝えている。荒々しい生命力の横溢した馬の姿を間近に見た少年千樫の感動が直に伝わってくる一首である。

掲出歌は千樫の故郷に寄せる心情を直截且つ端的に詠っている。嶺岡牧場を左に見降ろしながら坂道を登っていくと、きつい上り坂に差し掛かる。病体に悪いと分かってはいるが、この道はもう二度と踏むことが出来ないかもしれないふるさとの道だ。そう思うと喘ぎながら一歩一歩山道を登っていく千樫の心には、故郷への限りない愛着が涌き起こってくるのである。一気に詠み下した下句は、そんな千樫の心情を直に伝えて効果的である。

二つ山三角標《さんかくへう》のもとに咲くすみれの花をまたたれか見む

息づきながらやっと登り着いた山頂に立つ千樫がふと足元を見ると、三角標のもとに菫の花が咲いている。千樫はこの可憐な花を自分を含めた誰が再び見ることがあろうかと詠う。小さな花の命を愛しむ心情が心に染みてくる。

『青牛集』 大15(昭元)

見のかぎり芽ぶかむとする桑原の光どよもし風いでにけり

『全歌集』の年譜によれば、大正十五(一九二六)年四月二十四日の朝、名古屋放送局での「正岡子規に就いて」の放送と、名古屋新聞社主催の短歌会に出席するために名古屋駅に降りた。しかしその途端に喀血した。それを押して放送もやり歌会も済ませ、四月二十六日には尾山篤二郎等と犬山に遊んだ。掲出歌はその時を詠んだ「羇旅雑歌」の連作中の一首である。

木曽川の流域に広がる平野は折から新緑の季節で、千樫の眼前には芽吹きの時を迎えた桑畑が見渡す限り広がっている。しばらくその広大な景を眺めていると「桑原の光どよもし」て風が吹き渡ってくる。掲出歌は自然の躍動する一瞬を捉え、とりわけ印象的な一首となっている。「光どよもし」は一面の桑の新芽に射す日光が、吹き渡る風に激しく乱反射する様を詠んだものか。美しく且つ躍動的な反面、そこには何か翳りがあるように見える。しばらく小康を保っていた病勢であったが、二日前の喀血から、再び悪化したことを自覚した千樫の言いしれぬ不安がここに投影されているように思える。掲出歌に次の歌が並ぶ。

病みおもる思ひ救はれぬ桑原の芽ぶきあかるき土踏み行くも

周囲の明るい風光とは対照的な、暗く沈んだ面差しのままに歩む千樫の姿が目に見えてくる。千樫は四月二十八日に門人の大熊長次郎と鈴木杏村にそれぞれ歌を書き送っている。

わがやまひいまだいえぬらしみちたぎちながるる水をみればかなしも
木曽川はみちたぎちたりきしのへのしづけき水を見つつかなしも

二首とも結句の「かなしも」に千樫の沈痛な思いが強く籠められている。その後、千樫は帰途に沼津の若山牧水を訪ね、共に伊豆の古奈温泉と湯ヶ島温泉に遊んだ。

すこやかになりたりと思ふ朝湯いでて山葵茎漬《わさびくきづけ》かみつつあれば

病は再び小康を得たのである。しかしこれが生涯最後の旅行となった。

『青牛集』大15（昭元）

ゆくものは逝きてしづけしこの夕べ土用蜆の汁すひにけり

「夾竹桃」の連作中の一首。詞書に「七月三十日、左千夫忌」とある。大正十五年七月三十日千樫は亀戸普門院の左千夫の墓に詣でた。その日は朝食の前に部屋をかたづけてしばらく一人端座して左千夫を偲ぶ。朝食の後は夕近くまで静かに過ごし、日が傾き涼しくなってから墓参に出かけようとすると、夕立が降ってきた。

降りしきる夕立の音を聞きゐたりなほすこやけき吾れにあらなくに

夕立に濡れて再び体調が悪化することを案じている一首である。前述したように千樫は四月二十四日に名古屋放送局の「正岡子規について」の放送と、名古屋新聞社主催の歌会出席のために降り立った名古屋駅で突然喀血していたのである。その後放送も歌会もこなし、帰途は若山牧水と天城湯ヶ島温泉に遊んで帰京している。

さて千樫は夕立が止んだところで家を出、普門院に向かった。


亀井戸のわが師の墓に詣で来て遭ふ人もなし今日の忌日《きにち》に

千樫は夕方一人で墓参に出かけ、旧知の誰にも会わずに左千夫の墓前に詣でてきたのであった。「遇ふ人もなし」からは、左千夫が亡くなって早十三年、人の心の移ろいやすさや月日の過ぎてゆく早さに深い感慨を覚えている千樫の姿が浮かぶ。そしてその思いは掲出歌にそのまま繋がっていく。

「ゆくもの」には師の左千夫のみならず、かつての同行者長塚節も三月末に亡くなったばかりの赤彦も含まれよう。師もかつての同行者の多くも逝ってしまったのちの孤独、それをあるがままに受け入れようという一つの諦念が「しづけし」に認められる。そうした諦念を抱きながら一人土用蜆の汁を吸っている千樫、下句は淡淡とした描写ながら、たとえ独りであっても自らの信じる道を生きていこうという意思が籠められているものと見たい。

なおこの年の五月には師の千樫のもと、橋本徳壽、大熊長次郎、相坂一郎等を中心として青垣会が結成された。

『青牛集』昭2

よそほひのなりて出で立つわが姪をよき嫁なりとわれは思ふも

昭和二年の「村の道」の連作中の一首。

ただしこの連作は、「足長蜂」や「嶺岡山」と同時期の前年の三月末に帰郷したときの作で、それを翌年に発表したものである。

掲出歌の姪の名はきよと言い、東条村字和泉（現鴨川市和泉）に嫁いだ妹のぶの長女である。


ふるさとの妹《いもうと》の子がけふこよひ嫁《とつ》ぐといへばわれは来にけり

そのきよが同じ村の広場（現鴨川市広場）の農家に嫁ぐことになり、叔父の千樫は結婚式に出席するために帰郷した。

多くの娘が都会に憧れて故郷を出てしまう中で、この姪は心底農業が好きで今日早くも農家に嫁いでゆくのである。

掲出歌は白無垢の花嫁衣装の姪が、夜いよいよ婚家に出立しようとする際を詠んだ一首である。働き者の姪は本当に良い嫁だと思いつつ、花嫁姿の姪に優しい眼差しを注ぐ千樫の姿が彷彿する。「わが姪」や「われは思ふも」の「わが」、「われは」には千樫の姪に寄せる深い慈しみの情が込められている。

さて嫁入り行列は準備が整い、ひとつひとつ提灯を灯しながらいよいよ出立する。

宵ながら道にいで立ち村人ら嫁をし見るらし提灯《ともしび》のかげに
おぼろ夜の村の長みち嫁入のむれにまじりてわが歩みゆく

灯のかげから花嫁をしげしげと見つめる純朴な村人たち、その中を嫁入り行列は提灯を灯しながらおぼろ月夜の下婚家を目指してゆっくりと進んでいく。その行列に交じる千樫は姪の幸福を祈りつつも、故郷の肉親たちと共にいることに深い安らぎを覚えていたことであろう。

ふるさととそこで暮らす肉親への温かい親愛の情に包まれた「村の道」の一連は、その優しい調べと相俟ってどの歌も読む者の心を和ませる。

『青牛集』昭2

ひむがしの長狭細野の伝右衛門《でんゑむ》の古き厩に牛も馬もなし

昭和二年一月から病牀を離れられないまま日を送っている千樫が折々思い出すのは、母が一人で守っている故郷の生家であった。父は大正九年に亡くなっており、弟の直二郎は習志野の騎兵連隊に所属し、妹のぶと三千代は既に近隣に嫁いでいた。掲出歌の「長狭《ながさ》」は古代律令制の時代に安房国に置かれた四郡の一つで、現在の鴨川市一帯を総称した。細野は千樫の故郷の集落名、「伝右衛門《でんゑむ》」は千樫の生家の屋号である。

千樫の家は稲作と酪農を営む中位の自作農であった。すぐ側に嶺岡牧場を控える細野は殆どの家が乳牛や農耕馬を飼っており、千樫の家も母屋の右の大きな厩で何頭かの牛馬を飼っていた。それが父が亡くなってからは母一人で世話をするのは困難になったので、やむなく手放したのである。長男の自分が家を継いでいたならばこうはならなかったであろうに。千樫は掲出歌で後悔の念を抱きつつ没落していく生家を思い浮かべているのである。千樫はその前年の五月二日の青垣会第一回の集まりの席上で「人が死ぬ時にはおのずから故郷を思うものである」と語ったという（『古泉千樫とその歌』）。
次の歌からも掲出歌と同じ心情が窺われる。

わが齢《よはひ》十五にならばよき馬を家に飼はむといひにし父はも

父の弥市は隣村の平群村から嶺岡山系を越えて吉尾村細野の古泉家に婿入りした。当初は木挽きを生業としていたが、後に収入の多い酪農に切り替えた。父は長男の千樫に期待し、在るとき「お前が十五になったら良い馬を飼おう」と千樫に言った。千樫は病牀でふとその父の言葉を思い出したのだ。結句の「父はも」の詠嘆には亡き父への深い信愛の情と共に、父の期待に添えなかったことへの自責の念も籠められていよう。

藁しぶに深くもぐれり豚の子の一匹にしてさびしかるらし

歌中の一匹の豚の子からいい知れない寂寥を覚える。そこに離郷して独り病み臥す千樫自身の心情が投影されているからかも知れない。

青山どほり歩き来しとてすがやかに汗ふく人を見るがともしさ

『青牛集』昭2

千樫最晩年の連作「病牀春光録」中の一首。千樫はこの年の一月以来重篤に陥り、二階の自室で病臥する日々が続いていた。寒さの緩み始めた三月六日、門人の増田留吉、橋本徳壽、大熊長次郎相次いで見舞いに訪れた。

渋谷駅から坂をだらだら上っていく通り、これが通称青山通りで現在は国道二四六号線となっている。千樫の家は現在の地下鉄表参道駅を渋谷方面から見て右に入った根津美術館の近くにあった。千樫がよく散歩をした青山墓地もすぐそこである。

留吉は既に来ていたが、徳壽と長次郎は打ち合わせて午後に歩いて千樫の家を訪れたのだった。青山通りを歩いて来ましたと言いながら枕辺で汗を拭う二人、病牀の千樫は若若しくいかにも健康そうな二人をどんなに羨ましく思ったことか。結句の「見るがともしさ」を甘いなどとは言うまい。そこにはいささかの虚飾も衒いもない。病者千樫の自然な感情の発露なのだ。

掲出歌の前に次の一首がある。

あざやけき春の日和なり枕べに訪ひ来る人らみな汗ばめり

久し振りの春らしい陽気、これを「あざやけき」と端的に詠う。そして枕辺に見舞いに訪れる人がみな汗ばんでいることから、戸外の温かく湿りを帯びた空気や陽光満ち渡る青空を思い浮かべたことであろう。その日千樫は久し振りに部屋の障子を開けてもらい、外の景色を眺めた。

室の障子あけてもらひて春日さす高き梢をわれは見にけり

千樫の部屋は二階にあったから、南向きの障子を開けてもらえば麻布方面の景色がよく見えた。床の上に半身を起こして貰い久し振りに外を眺めると、葉を落とした雑木々の梢が春の日に輝いていている。春の息吹を直に感じることのできた感動が結句「われは見にけり」に集約されている。そこにはまた今生きていることを素直に喜ぶ気持ちも籠められていよう。二句「て」の重複も千樫の感情の気息と平仄を合わせたかのように自然で違和感がない。

『青牛集』昭2

麻布台とほき木立のあたりにはつばさ光りて鳶の翔れる

「三月十一日、起きて家の中を歩く」の詞書のつく連作四首中の一首。一月八日以来殆ど寝たきり状態であった千樫は、大凡二ヶ月ぶりに起きて家の中を歩いた。三月十一日付の橋本德壽宛ての手紙に「小生今日初めて縁側に立ち出でて外を眺め候。もの皆春光にかがやきて見れども飽かず。もう大丈夫也」とある。病牀から起きることが出来た喜びはいかばかりであったか。漸く起きて南向きの障子戸を開け、麻布台の方を見遣ると、遠い木立の上を鳶が春光に翼を光らせながら悠然と弧を描いている。吾々から見ればこれは日常のごくありふれた景に過ぎない。しかし千樫の眼には新鮮で且つ掛け替えのない光景に映ったに違いない。春光の中を翼を光らせて飛ぶ鳶に千樫が感受したのは、命の輝きそのものではなかったか。

昭和二（一九二七）年に自殺した芥川龍之介が死の二週間前に書いた遺書「或旧友に送る手記」によく知られる「自然の美しいのは、僕の末期の目に映るからである」の一節がある。私は掲出歌を始めとする「病牀春光録」を読む度にこの末期の目を思う。三月二十五日付の相坂一郎宛ての手紙に「小生病気になつて既に久しい。或は余命幾ばくも無いかも知れない。それでも五年位はどうしても生きるつもりで始める」とある。千樫は寿命が僅かであることをはっきりと自覚していたことは間違いない。それゆえに目に触れる自然の属目すべてが命の輝きを放っているようにも見えたのだろう。

病よりわが起きしかば春のまひるの土に身をする鶏を見にけり

「土に身をする鶏」に見たのも、掛け替えのない命そのものであった。そしてそれは小康を得た千樫の今生きているそのこと自体を喜ぶ心情と重なってくる。全く構えの見られない自然体の詠みぶりは千樫の至り着いた心境そのもののようである。

さて千樫が最後に希望を抱いたのは「青垣」の発刊であった。三月に入り、橋本徳壽が中心となり青垣会から雑誌を発刊するよう千樫に何度も進言してきたが、千樫はいよいよ発刊する決意を固めつつあった。三月十一日の手紙に「もう大丈夫也」とあるのは、全快したという意味では勿論無く、一時的であるにせよ重篤から脱し青垣発刊へ希望が見えて来たことを背景にした言葉であろう。

『青牛集』昭2

みなぎらふ光のなかに土ふみてわが歩み来ればわが子らみな来つ

「病牀春光録」最後の一連、「三月三十一日、八十幾日ぶりにて外に出づ」の詞書のある五首の連作の冒頭の一首である。千樫の病状は小康を保ち、ゆっくりではあるが外を歩けるまでに回復した。「みなぎらふ光」は久し振りに外気に触れた時の実感そのものであろう。そして「土ふみて」からは久久に自分の足で大地を踏むことが出来た喜びが心に響いてくる。

千樫は自分の足取りを確かめるようにゆっくりと青山墓地に向かって歩いて行く。立ち止まってふと振り返ると、三人の娘たちがあとから屈託ない笑い声をたてながらついてくるのであった。当時長女葉子は十六歳、三女佐代子は十一歳、四女玲子は六歳であった（次女の條子は前述したように、大正三年一月に生後三ヶ月で夭折している）。

ここにあるのは虚飾や利己的なものの一切をぬぐい去った後の浄福感に満ちた世界である。今この瞬時を生き、生かされていることを素直に喜ぶ心情が、淀みなく心に染み入ってくる。

私は「病牀春光録」の一連こそ、千樫の最晩年を飾るにふさわしい秀歌群であり、近代写実短歌の一つの到達点を示していると言っても過言でないように思う。大正十三年八月に喀血して以来常に死と対峙してきた日々は、千樫を澄明な心境に導き、最後に珠玉の作品となって結実したのである。

橋本徳壽は「病牀春光録」の一連につき、次のように述べている。「この最後の連作『病牀春光録』に於て遂に千樫はこれまでの最高標記録たる『稗の穂』を抜いたのである。（中略）病者の感傷もなく、ひがみもなく、あきらめもなく、ひねくれもなく、強がりもなく、天地のなしのまにまに、自然そのまゝにして、温潤滋雅のなかに純みとおる哀韻がある。作意に何らの構うるところがなく、おのずからにして大自然の、おおらかにして深き性命と交遊している。至境だ」。これにまさる讃辞はあるまい。

終わりに掲出歌以後の四首を掲げる。千樫の作歌活動はこの四首を以て終わった。

幾足かわが歩みけむ持ちて来つる瓶の水を飲みにけるかも
この墓地に今咲く花のくさぐさを子らは折り来ぬわが休み居れば
墓原に咲けるれんげう木瓜《ぼけ》つばきしきみの花も見るべかりけり
わが子らとかくて今日歩む垣根みちぺんぺん草の花さきにけり

絶詠　昭2・5・15

雹まじり苗代小田にふる雨のゆゆしくいたく郷土《くに》をし思ほゆ

『古泉千樫とその歌』によれば、掲出歌は「雷雨すぎて街のこひしきに山の手の若葉がうへに月押してれり」と共に千樫没後の昭和二年九月号の「日光」に載った作品である。

五月九日に千樫を見舞った徳壽は『古泉千樫とその歌』で次のように記している。「午後に空がたちまち暗くなり、雷鳴がし、滝のような雨が降った。そのうちに凄まじい音がして親指ほどの雹が地面を白くするほどに降った。先生はつく〴〵とこの狂暴な荒れ方を蒲団の上で見乍ら「あの雨に頭から濡れたらどんなに気持ちがいいだろうなあ」と言った」。

徳壽の言うように掲出歌はおそらくこの時の作であろう。病牀に起き上がりつつ突然激しく降り出した雹を見つめる千樫の脳裏には、故郷の苗代小田に雹混じりに叩くように降る雨の様が自ずから浮かんでくる。その激しく降る雨のように、無性に故郷が恋しく思われるのである。掲出歌は「雹まじり苗代小田にふる雨の」は「ゆゆしく」を導く序詞となっており、四句の

「ゆゆしくいたく」の畳みかける描写からは、千樫の望郷の念が強さが思われる。

『全歌集』の年譜等から推察すると千樫が帰郷したのは、明治四十一年に二十三歳で上京して以来十回前後、故郷近くの上総の久留里や鹿野山、安房の富浦や布良に行っても生家に立ち寄ることは無かった。出郷の理由が理由だけに頻繁に帰郷することが憚られたのであろうか。しかし千樫は逃げるように故郷房州を出てきたものの、生涯愛郷心を失わなかった。

千樫が生前に出した唯一の歌集は自選歌集の『川のほとり』である。嶺岡山系の馬の背山を間近に仰ぐ千樫の生家の後ろは、なだらかな斜面に棚田が広がっているが、その棚田と生家の間の一段下がった所を小川が流れている。幼少期の千樫はその川で泳いだり魚を捕ったりして遊んだことであろう。

『川のほとり』の歌集名の由来として千樫が二十年近く勤めた帝国水難救済会の事務所が隅田川のほとりにあったことが挙げられるが、私はもう一つの説として故郷の小川のほとりの生家への深い愛着を籠めたものであるということを挙げたい。即ち『川のほとり』の歌集名には強い懐郷の念が籠められているのではないか。

掲出歌の成った五月頃から愈々病勢は進み、以後何処にも歌を発表しないまま、千樫は八月十一日に家族や門人に囲まれながら四十二年の短い生涯を終えた。従ってこの二首が事実上の遺詠と言える。千樫は掲出歌に限りない望郷の念を籠めて作歌活動を終えたのである。

古泉千樫略年譜

明治十九年（一八八六）一歳

九月二十六日、千葉県安房郡吉尾村細野六九三番地に生まれた。父弥市三十歳（弥市は安房郡平群村の池田氏から入った）母きく十九歳の長男。幾太郎と命名、家業は中位の自作農。

明治二十五年（一八九二）七歳

吉尾小学校に入学した。

明治二十八年（一八九五）十歳

父から四書の素読を受け、また付近の漢学塾へも通った。小学校では各学科ともに良く出来、殊に算術は得意だった。

明治三十年（一八九七）十二歳

この頃から一四五歳まで、自家の農業をよく手伝い、牛の世話などもよくした。

明治三十一年（一八九八）十三歳

雑誌「少国民」へ投書をして、初めて「観桜の記」が活字にされた。

明治三十二年（一八九九）十四歳

雑誌「こころの華」を読み、またこの頃から「万朝報」の歌壇へ投書を始めた。

明治三十三年（一九〇〇）十五歳
　吉尾村高等小学校を卒業し、直ちに母校の代用教員に採用された。師範学校進学を希望していたが、果たされなかった。この年の作歌に「夕されば庭の木立に鳴きし蟬向うの丘にうつりてぞ鳴く」がある。
明治三十四年（一九〇一）十六歳
　四月千葉町の教員講習所に入所して十月に卒業した。小学校准訓導の資格を得た。
明治三十五年（一九〇二）十七歳
　二月安房郡田原村の竹平校に奉職して、生家から片道八キロの道を通った。「万朝報」、「日本」「こころの華」などに作品を投稿した。この頃頻りに「万葉代匠記」や「万葉集古義」などを読んだ。
明治三十六年（一九〇三）十八歳
　「こころの華」への投稿に力を注いだが、この頃から愈々根岸派の歌風に親しんでいった。
明治三十七年（一九〇四）十九歳
　八月「馬酔木」十三号に古泉沽哉の名で「耕余漫吟」二十首を投じ、伊藤左千夫に十二首選ばれて激賞を受けた。
明治三十九年（一九〇六）二十一歳

徴兵検査を受けたが、近視眼のため兵役免除となった。

明治四十年（一九〇七）二十二歳

五月十二日海路上京し本所茅場町無一塵庵に、師伊藤左千夫を初めて訪ねた。左千夫宅に泊めて貰い、十六日に帰郷した。七月から新聞「日本」の歌壇の選者が左千夫となって千樫は盛んに投稿した。

明治四十一年（一九〇八）二十三歳

上京の念止みがたく、四月に小学校を辞職。師左千夫に手紙を書き五月に上京、本所区緑町に下宿した。相思の人山下きよも後に、千樫のあとを追って上京した。九月に「アララギ」が創刊された。十月に石榑千亦の斡旋により帝国水難救済会に就職した。同月左千夫に従って、森鷗外宅の観潮楼歌会に初めて出席し、その後もしばしば出席した。

明治四十二年（一九〇九）二十四歳

山下きよと結婚した。

明治四十四年（一九一一）二十六歳

長女葉子が生まれた。アララギの編集を担っていた左千夫を斎藤茂吉と共に助けた。

大正二年（一九一三）二十八歳

六月に本所緑町から本所区南二葉町に転居した。アララギ発行所は左千夫方からこの千樫方に移った。七月三十日に、師左千夫が没した。十月に松倉米吉が入門した。同月に次女條子が生まれた。

大正三年（一九一四）二十九歳

一月、次女條子が死亡。千樫は柩を抱いて船便で郷里に帰り、埋葬した。三月、アララギ発行所が千樫方から斎藤茂吉方に移った。四月に島木赤彦が上京し、翌年二月から茂吉に代わり、編集発行者となった。

大正四年（一九一五）三十歳

八月に市外青山穏田に転居。

大正五年（一九一六）三十一歳

三月、三女佐代子が生まれた。

大正六年（一九一七）三十二歳

二月に青山穏田から、青山南町六丁目に転居、千樫はこの家に丸十年住んで死んだ。四月に茨城県結城郡岡田村の長塚節の生家を訪ねた。十一月、祖母死去のため、七歳になった長女葉子を伴って帰郷した。

大正七年（一九一八）三十三歳

二月に、昨年に続き長塚節の生家を訪ねた。六月に安房南無谷（現南房総市富浦町南無谷）の枇杷山に遊んだ。

大正八年（一九一九）三十四歳

二月に上総の鹿野山に登った。四月に四国に公務の旅行をした。六月には伊東に行き、途中小田原に北原白秋を訪ねた。七月から八月にかけて公務で北海道を回り、帰途平泉の中尊寺を訪ねた。

大正九年（一九二〇）三十五歳

五月、父弥市が六十四歳で急死した。十一月に手賀沼から印旛沼方面に遊んだ。

大正十年（一九二一）三十六歳

五月、四女玲子が生まれた。五月に三ヶ島葭子が千樫に入門した。

大正十二年（一九二三）三十八歳

三月、『竹乃里歌全集』を茂吉と共に編集、出版した。五月、白秋、夕暮、篤二郎らと吉植庄亮を訪い、印旛沼に遊んだ。九月一日の大震災当時青山の自宅にいたが、一家は皆無事だった。

大正十三年（一九二四）三十九歳

四月に「日光」創刊、千樫は北原白秋、土岐善麿、釈超空、木下利玄、吉植庄亮等と共に同人となった。これを機に千樫はアララギを離れた。六月に石原純、原阿佐緒等と共に房州富浦の枇杷山に遊び、帰路印旛池畔の吉植庄亮を訪ねた。八月に突然喀血、肺結核と診断され、十月に郷里に静養に帰り、十一月に帰京した。

大正十四年（一九二五）四十歳

五月に自選歌集『川のほとり』を出版。八月に橋本徳壽が入門した。病状は軽快し、十一月に徳壽の案内で群馬県北甘楽郡の黒滝山に登り、帰途に伊香保に遊んだ。

大正十五年・昭和元年（一九二六）四十一歳

一月に帝国水難救済会を退職した。四月にラジオ放送と歌会のために名古屋駅に降り立った途端に喀血、千樫はそれを押して放送も歌会もこなし、帰途に犬山に遊び、沼津に若山牧水を訪ねた。八月には増上寺主催の「山上のつどひ」に参加し、箱根に泊まった。

昭和二年（一九二七）四十二歳

一月に流行感冒のため寝込み、三月末まで中々起きられなかった。この頃「青垣」創刊の議が起こる。六月に入って一段と病状悪化、八月十一日に死去した。十一月「青垣」創刊、創刊号は「古泉千樫追悼号」であった。

『古泉千樫のうた百首』引用歌一覧

あ

あかときの峠の駅に水のめり越え来し山山靄こめむとす　139
あからひく朝の浜びにあつまりくる枇杷をつみ込むその枇杷船に　114
あからひく朝靄はるる土手の上に雉子《きぎし》光りて見えにけるかも　143
あからひく日にむきたてる向日葵《ひまはり》の悲しかりとも立ちてを行かな　26
秋さびしもののともしさひと本《もと》の野稗《のびえ》の垂穂《たりほ》瓶《かめ》にさしたり　170
秋空は晴れわたりたりいささかも頭《かしら》もたげてわが見つるかも　168
秋の稲田はじめて吾が児に見せにつつ吾れの眼《まなこ》に涙たまるも　64
秋の空ふかみゆくらし瓶《かめ》にさす草稗《くさびえ》の穂のさびたるみれば　171
秋晴るるこの原なかの小さき池子らはひそかに来り泳げり　64
秋晴《あきば》れの長狭《ながさ》のさくの遠《とほ》ひらけひむがしの海よく見ゆるなり　174
秋ふかみわが父母は老いながらせはしかるべしわれは遊ぶに　65
朝露にしとどつめたき茱萸の葉をひたひにあてててひとり悲しき　106
朝な朝な牛を牽《ひ》き飼《か》ふみちのべの小草《をぐさ》の露《つゆ》の寒きこのごろ　16・94

朝なればさやらさやらに君が帯むすぶひびきのかなしかりけり　44・121
朝早く代掻きけらし唐椎《たうじひ》の花咲くかどに牛休めあり　158
朝はやみかき金《がね》はづし蓋《ふた》とれば水にほやかに井にたたへゐる　108
朝早み鳥屋《とや》を出でたる鳥のむれ鵞鳥《がてう》はすぐに掘りにおりゆく　160
麻布台とほき木立のあたりにはつばさ光りて鳶の翔れる　204
あさぼらけ港のひとら水汲むとこの寺の井にあつまり来るも　108
あざやけき春の日和なり枕べに訪ひ来る人らみな汗ばめり　203
朝夕に時を定めてそぞろありく身のさわやかになりにけるかも　182
蘆原《あしはら》のあしの葉ずゑの夕あかりよしきり飛びて光りつつ見ゆ　160
あたたかに焼野の土をもたげゐるさわらびの芽のなつかしきかも　51
相つぎて肺やむひとの出でにけりこれの布団をかづき寝しもの　130
あまそそる巌《いつ》の黒岩のいただきゆほそく光りて滝落ちにけり　185
雨ながらこれの峠にきたりけりわが村かたは霧ただに白し　132
粗家《あらいへ》の板屋のうちにひとりゐて寒さはしるしさ夜ふけにつつ　149
あらし雲おほへる底よりくろぐろとむらがりきたる夕鴉《ゆふがらす》かも　129
あらし過ぎて闇おぼほしき春の夜の渚の水にわが手をひたす　37

あらしのあと木の葉の青の揉まれたるにほひかなしも空は晴れつつ　42
青草のまぐさに交《ま》ずる切藁《きりわら》の白くともしく夏ちかづけり　98
青田《あをだ》のなかをたぎちながるる最上川齋藤茂吉この国に生《あ》れし　138
青山どほり歩き来しとてすがやかに汗ふく人を見るがともしさ　202
いきのをに息《いき》ざし静めこの幾日《いくひ》ひた仰向《あふむ》きに寝《い》ね居《を》る吾《わ》れを　165・188
幾足かわが歩みけむ持ちて来つる瓶の水を飲みにけるかも　207
いくたびか家は移れる崖《がけ》したの長屋がうちに今日は移れる　89
いくたびかここには来つるこの夕べ空すさまじく株虹立てり　120
幾年を遠く住みつつ住みわびて今はた父に銭をもらひたる　117
幾日《いくにち》も日のてる外に吾れ出でず命にぶりて冬ふけにけり　186
いくほどをわれら歩みしあをあをと潮騒光る崖の上の道　87
異国米《いこくまい》たべむとはすれ病みあとのからだかよわき児らを思へり　112
いささかもたべすぎぬらし冬眠る蛇や蛙のたふとかりけり　187
石ひくくならべる墓に冬日てりひとつひとつ親しくおもほゆ　38
抱《いだ》きゆく小《ち》さき柩にふるさとの朝日ほのぼのと流らふるなり　47
いつかまた会はむと思へや大川の寒き水くみて舟あらふ人　189

いつくしく正面《まとも》に立てる牛の瞳《め》のか黒に澄めり深くうるみて 103
家々にさつき幟のひるがへりしかしてひとり吾が去りゆくも 23
家のこといそがはしとて一夜寝て老いたる父のただに帰らせり 117
家を出でて青青と晴れし空を見つなべての物ら柔らかく照れり 177
五百重山《いほへやま》夕かげりきて道寒《さむ》ししくしくと子は泣きいでにけり 79
いましがた田ゆ帰りしと軒闇に母が立たすに我が胸せまる 31
いまにして人はすべなし鴨跖草《つゆくさ》の夕さく花を求むるが如 67
入りつ日の名残さびしく海に照りこの牛ひきに人いまだ来ず 97
牛の子のまだいとけなき短《みじ》か角《づの》ひそかに撫《な》でて寂しきものを 50
牛の肉のよき肉買ひて甘《うま》らに煮子らとたうべむ心だらひに 112
牛ひきて下《くだ》らむとする坂の上ゆふ日に照らふ黒牛のすがた 102
うち倒れし家並《いへなみ》見つつ吾が来れば海女《あま》らははだかに焚火して居り 93
うちならび植うる人らのうしろよりさざなみよする小田《をだ》のさざ波 159
打日さす都の土を踏みそめてとよみしこころいつか消《け》につつ 29
うちひびきかなしく徹《とほ》る雉《きじ》の声みな此面《このも》むきて鳴くにしあるらし 142
うち見れば印旛《いには》の大沼《おほぬま》おぼほしく濁り光れり青原の中に 147

うつし身の寂しくしあればこの海にひとり寝に来つ人には告げじ　120
うつし身のわが病みてより幾日《いくひ》へし牡丹の花の照りのゆたかさ　156
うつし身は果無《はかな》きものか横向きになりて寝《い》ぬらく今日のうれしさ　168
うつし世のはかなしごとにほれぼれと遊びしことも過ぎにけらしも　167
うつつなくねむるおもわも見むものを相嘆きつつ一夜明けにけり　45
うつとりと桃のくれなゐ水底《みなそこ》に映りて吾れは涙ながせり　53
うつぶしに歩み来につつたまゆらに吾《あ》れに向けつるかがやく目見《まみ》を　35
移るべき家をもとめてきさらぎの埃《ほこり》あみつつ妻とあゆめり　88
海の上にうちいでて見れば雪ひかる鳥海山《てうかいざん》に日はまとも照れり　141
うやうやし父がおくれる白き米口にかみたりその生米《なまごめ》を　113
炎天にあゆみ帰れりやすらかなる妻子《つまこ》の顔を見ればかなしも　112
炎天のひかり明るき街路樹を馬かじりをり人はあらなく　72
老いませる父に寄りそひあかねさす昼の厩に牛を見て居り　95・98
おとうとのまはらぬ筆に背戸の柿赤らみたりと書きて於古せぬ　10
音《おと》立てて桶の湯をのむ牛をまもり宵闇さむき厩にゐるも　95
おのがじし己妻《おのづま》つれて朝雉《あさきじ》のきほひとよもす声のかなしさ　144

大川の水さむざむと日は暮れてこれの板屋にひとりなりけり　149
大きなる人のうしろにしたがひて心うれしくも歩み行くわれは　20
大きなる藁ぶき屋根にふる雨のしづくの音《おと》のよろしかりけり　84
大き地震《なゐ》のなごりの地震《なゐ》のしばしばもいまだゆりつつ年くれにけり　148・149
大杉の露のしづくの光りつつみ寺の庭は明けにけるかも　181
おぼほしく廐をおほふ蚊遣火のけぶりは靡く夕沼《ゆふぬま》のうへに　160
おぼほしく時雨もよほせり新田の道遠くして沼いまだ見えず　149
おぼほしく濁りうづまく川口を大き流れ木光りつつ見ゆ　149
おぼろかに三月《みつき》はすぎぬ八十《やそ》国《くに》のきほひどよめく都べにして　27
おぼろ夜の村の長みち嫁入のむれにまじりてわが歩みゆく　199
重き病吾れの病むかにおもほえて朝の小床に眼をあきて居り　131
おもてにて遊ぶ子供の声きけば夕かたまけてすずしかるらし　166・168
思ひ涌く大き都にせむすべのたどきを知らに昼寝するかも　27
親馬も子馬も顔をあげにけり日光《ひかり》かげろふそのたまゆらを　146
おり立ちてこの大《たい》ぜいのよろしもよ原の大田《おほだ》を今日植うるかも　158

か

街頭に馬がかじれるすずかけの木肌《こはだ》か青く昼のさぶしさ　72
かきいだき泣伏す母をなぐさめむ言葉もしらず諸ともに泣く　19
かぎろひの夕棚雲の心ながくながく待つべみ君のいひしを　33
かぎろひの夕日背にしてあゆみくる牛の眼《まなこ》の暗く寂しも　102
斯くしつつ幾日とどまるわれならむ麦の芽ぬらす雨の静けさ　85
かくしつつすべなきものかねむの花のしなひ匂へる手をとりにつつ　35
かくのごと荒れたる海にまた直《ただ》に命《いのち》したしみいさりするかも　93
崖たかみ外洋《ぐわいよう》青く晴れわたりさうさうとして風吹きやまず　87
かすかなる星の下びをつぎつぎに飛び行く鷺の見えつつもとな　63
風ありて光りいみじき朝の海を枇杷つむ船のいま出でむとす　114
風吹きて海かがやけりふるさとに七夜《ななよ》は寝《い》ねて今日去らむとす　86
風ふけば藤の花ぶさゆらゆらにゆらぐ心を吾持たなくに　13
潜《かづ》きして今し出で来《き》し蜑《あま》をとめ顔をふきつつ焚火にあたる　92
川上のこの道ゆきてふるさとの清澄山に今宵わが寝む　180

川口にせまりかがやくあぶら波音をひそむる昼のさびしさ　56
川隈の椎の木かげの合歓《ねむ》の花にほひさゆらぐ上げ潮の風に　35・161
川中に立ちて久《ひさ》しきことひ牛水にぬれたる尻尾《しりを》ふりつつ　101
かへり来て家ゐつぐべき我なれやおこたり多く年ふりにけり　65
帰りきて坂に我が見るわが家はまだ灯もささず日は暮れたるに　30
かへり来てわが家の屋根見ゆらくに涙あふれてとどめかねつも　132
上《かみ》の山《やま》の停車場すぎてほどもなし街道筋を人ひとり行く　139
瓶《かめ》の中に紅き牡丹の花いちりん妻がおごりの何《なん》ぞうれしき　157
甕ふかく汲みたる水の垢にごりさびしき恋もわれはするかも　24
亀井戸のわが師の墓に詣で来て遭ふ人もなし今日の忌日《きにち》に　197
かりそめの病ひをやみて吾れ思ふつひに都に住みえざるがに　27
仮橋をやうやくにしてくぐりたる五大力船《ごだいりきせん》遠くなりにけり　189
枯木みな芽ぐまんとする光かな柔らかにして息をすらしも　178
きさらぎのあかるき街をならび行き老いづく妻を見るが寂しさ　88
きさらぎのひるの日ざしのしづかにて梅檀の実は黄に照りにけり　179
木曽川はみちたぎちたりきしのへのしづけき水を見つつかなしも　195

君が手につくりてくれし真鍮の火箸を持ちて火をいぢり居り　118

君が目を見まくすべなみ五月野の光のなかに立ちなげくかも　23

霧はるる木立のうへにうす藍の富士は大きく夜はあけにけり　41

草原につなげる牛を牽《ひ》きに行く日のくれ方のひとり寂しき　98

草原を足《た》らひたるらし昼ふかき厩《うまや》に入りぬ親も仔馬も　147

草山の奥の沢べにひとり来てなはしろ茱萸《ぐみ》をわが食《は》みにけり　18・96

国ちかみものかなしきに夕まけて谿あひふかく草を刈る音　129

国原の青田の光さわやかに朝あけわたりて蔵王山《ざわうざん》見ゆ　139

くみかへし湯ぶねのいで湯ややややに湛ふを待てりはだかながらに　127

茱萸《ぐみ》の葉の白くひかれる渚《なぎさ》みち牛ひとつゐて海に向き立つ　56・96

曇り日の若葉やすらかに明るかり墓地《ぼち》を通りて湯に行くわれは　38

くれなゐの尺《しやく》ばかりなる牡丹の花このわが室《へや》にありと思へや　157

訓練のあとすさまじき雪の野に雨降りそそぐ宵ふけにつつ　68

けだものの大きせなかにひつたりと両《もろ》のてのひらあてて寂しも　99

今日からの日日の散歩に吾れの来《こ》むこの墓原の道のしづかさ　38

ここにありし牧の大木戸あけしとき馬の匂ひはみなぎりにけり　192

ここにして俥《くるま》あらねば夜道《よみち》かけわれと吾が児と徒歩《かち》行かむとす　76
ここにして飛騨のむら山たかだかにしろがねの雪かがやけり見ゆ　40
ここにしてもとな今宵をやどりけり土をゆすりて浪の音ひびく　18
子どもらは焚火するらし朝霜の白き外面をわれは見なくに　186
この秋をわれ肥ゆるらし起き起きの心さわやかに顔あらふかも　182
この家に帰りかへらず真面《まとも》にを吾れし立つべき時にはなりぬ　135
このいへを継ぐ弟のかへるまで保《たも》ちかあらむ古き茅《かや》屋根　136
この河岸《かし》にならびてありし土蔵作りふたたび建たず時は移りぬ　189
この国の冬日あたたかし然れどもかの山かげはすでにかげれり　76
この深夜潮涸《そこり》の上にあかあかとかんてらともり人のゐる見ゆ　75
この墓地に今咲く花のくさぐさを子らは折り来ぬわが休み居れば　207
この街の祭のびけりそろひ衣《きぬ》きたる子どもの群れつつ寂し　111
この雪にわが行かむ道はるかなり停車場の前の大き雪達磨　122
このゆふべ庚申講《かうしんかう》にわが行くと母はつけてくれぬ提灯の灯を　191
このゆふべ野分《のわき》のかぜの吹き立ちて向《むか》つ草山草ひかる見ゆ　17
小春日の林を入れば落葉焚くにほひ沁みくもけむりは見えず　43

こほろぎはいとどあまねく鳴きふけりわがひとり寝の夜半のしたしさ　59
米たかき騒《さわ》ぎひろがれりこの街の祭にはかに延びにけるかも　111
これの田を植うるにしあらし畦の上《うへ》に早少女《さをとめ》ならべり十五六人　159
子をつれて小川のふちを歩みつつ竹村に入りぬ明るき竹村　83

さ

さ青《あを》なる蕗の丸葉《まろは》に尾を触りて雉子《きぎし》しまらくうごかざりけり　145
西方《さいはう》に飛騨の高山あかあかと夕べの空に浮びたるかも　40
鷺の群かずかぎりなき鷺のむれ騒然《さうぜん》として寂しきものを　62
酒のみて夜を遊び居るかこの頃のはやりの風邪《かぜ》に恙あらぬか　119
さしなみのとなりの家の早起の音にくからぬ春の朝なり　16
皐月空《さつきぞら》あかるき国にありかねて吾《あれ》はも去《い》なめ君のかなしも　22
五月まひる岬の下の砂浜に藁火かくみて海女《あま》とあたるも　108
雑然《ざつぜん》と鷺は群れつつおのがじしあなやるせなきすがたなりけり　62
さ庭べに繋《つな》げる牛の寝たる音おほどかにひびく昼ふけにけり　103
さびしくも群れゐる鷺かしかすがに吾が足黒く埃まみれなり　53

さびしくも夕照る池の水かげに生きゐる魚のむれ喘《あへ》ぐ見ゆ　74
寂しさにあたり見まはす岬のうへ青草のなかに光る茱萸《ぐみ》の葉　106
さみだれの最上くだりけむ大き鯉海に喘《あへ》ぐを手に捕へたり　141
莢《さや》ながらよき人くれしそら豆の莢をむきつつよろこぶわが児ら　125
小夜川をひそかに渡す渡船の右に左に千どりなくなり　17
さ夜ふかく匂ひ涌きたつ池の魚の生きのいのちのかなしかりけり　43・51
さ夜ふかみ澄み渡る空の月に向ひ今更に思ふひとりあることを　28
さらさらとかな櫛もちて掻きやれば牛の冬毛の匂ひかなしも　99
去りがてにこのおくつきに手をかけて吾は立ちをりひとりなりけり　163
さわやかに朝かぜ吹きて港の家海に向きたる窓ひらく見ゆ　106
早少女は今日植ゑそめと足引の山田の神にみき奉る　12
山上《さんじやう》は静かならむと雨ながらのぼりゆくかもこのあさあけを　41
三方《さんばう》に海たたへゐる岬のみちわがひとり行くこのあさあけを　106
しかすがにみどり輝くわが小庭妻とならびて今日見つるかも　124
した心君を待ちつつここにしてとどまる電車八十《やそ》をかぞへぬ　24
下《した》の田に今うつりたる早乙女ら小笠《をがさ》はとりてすずしかるらし　159

椎わか葉にほひ光れりかにかくに吾れ故郷《ふるさと》を去るべかりけり　23

汐にがく沸き立つ池の魚のむれ堪へがてぬかも浮びいでつつ　74

島山の桃のくれなゐ近く見えわが船すすむ春雨のなかを　71

しみじみとはじめて吾子《あこ》をいだきたり亡きがらを今しみじみ抱《いだ》きたり　47

下総の国原ひろき麦ばたけ五月まひるの風わたるなり　106

下総の節《たかし》は悲し三十まり七つを生きて妻まかず逝きし　66

燭《しよく》の火をきよき指《および》におほひつつ人はゑみけりその束《つか》のまを　45・59

不知火筑紫にいゆき一人死にけりこころ妻持ちて悲しくひとり死にけり　67

しんかんとまひる明るき古家《ふるいへ》ぬち小さき柩は今おかれたり　48

しんとして夜の雨野《あまの》に立ちゐつつ縦横無礙《じゆうわうむげ》の力を感ず　69

素足にて井戸の底ひの水踏めり清水つめたく湧きてくるかも　152

杉並木暗き旧道《きうだう》行き行きて新道《しんだう》を帰る宵ふけにつつ　69

すこやかに勤めゐてだにくらしかぬるわれらが侶《とも》ら病ひ長かり　130

すこやかになりたりと思ふ朝湯いでて山葵茎漬《わさびくきづけ》かみつつあれば　195

澄みとほる海にひたりて潮ながらとこぶし食《は》めり岩をかきかき　57

銭入《ぜにいれ》にただひとつありし白銅貨《はくどうくわ》てのひらに載せ朝湯にゆくも　105

せはしなくむらがりかへる夕鴉ひとこゑ鳴かず消えゆくものを　129
空たかみ白雲さやにうごくなり土をふみつつ仰ぎ見るかも　182

た

体中《たいぢゆう》にしとど汗ばみこころよく空気のかわく町をわが行く　73
大木《たいぼく》の根こそぎたふれし道のべにすがれて赤き曼珠沙華の花　92
大輪《たいりん》の牡丹かがやけり思ひ切りてこれを求めたる妻のよろしさ　157
たかだかに寄せくる波を待ちゐつつうねりに乗りてゆくこころかな　57
高処《たかど》にし雄雉《をきじ》は鳴けり草わけてあゆむ雌雉《めきじ》の静かなりけり　145
焚火する海人《あま》らがむれにこの日頃面知りそめし海人も交れり　30
たたなづく稚柔乳《わかやはちち》のほのぬくみかなしきかもよみごもりぬらし　54
旅ゆくと桃の花さく島山をともしみすれど告《つ》ぐべくもあらず　71
たまきはるいのちうれしくもろ手あげうねり来る波抜きて泳げり　57
玉くしげふたたびあはばをの子わが正名《まさな》はあらじあらずともよし　33
たもとほる夕川のべの合歓の花その葉は今はねむれるらしも　35
乳牛《ちちうし》の体《たい》のとがりのおのづからいつくしくしてあはれなりけり　94

父の面わゆたに足らへり冬ながら二頭の牛の毛並よろしき 95
ちちははと朝食《あさげ》し居ればわが耳に透りてひびくひよどりの声 80
塵けむるちまたに吾れは奔《はし》りきぬ君もかなしく出でてきたらむ 24
ついたちは君が休みと知るゆゑに下《した》に待ちつつ夜はふけにけり 119
つつましく寂しきこころ厩《うまや》より牛ひき出でて庭につなげり 50
勤めして宿居《とのゐ》かなしもおのもおのもこれの布団《ふとん》をかうむりて寝る 130
つゆ草の花を思へばうなかぶし我には見えし其の人おもほゆ 67
露の音たえまなくしてこの山のあかつき近くなりにけらしも 180
梅雨《つゆ》の雲白くおりゐて見の親し船の舳《へ》むかふ真鶴岬《まなづるみさき》 126
つゆ晴れて朝日あかるし今日しもよこのわが家の井戸《ゐど》払《はら》ひせむ 151
梅雨《つゆ》晴れて夕空ひろしここに見る筑波の山の大きかりけり 160
梅雨ばれの光りのなかを最上川濁りうづまき海にいづるかも 140
梅雨晴の若葉の森の片明かり月の上りを啼く郭公 15
連れ立てる人の足はやし山みちにをりをり雪のしづるる音す 123
常磐木に冬日あたたかに小鳥なくわが故郷《ふるさと》ぞ安く眠らな 49
年ながく払はぬ井戸の梅雨《つゆ》濁《にご》り匂ひさびたる水になりにけり 153

土手の上の高きを占めて鳴く雉子《きぎし》あなやさ躍り鳴きにけるかも　143
外にいでて歩めば今日のうれしもよしづかに吾れは行くべかりけり　178
飛ぶ蜂のつばさきらめく朝の庭たまゆら妻のはればれしけれ　54
遠くゐて悔いざらめやもちちのみの父のいのちの何《なん》ぞすみやけき　65

な

眺めゐる九十九谷にいくすぢの夕けのけむり立ちにけるかも　128・181
浪の音かすかにきこゆ床のうへに蠟の灯立《ほだち》を見つめて居れば　120
な病みそまづしかりともわが妻子米の飯《めし》たべただにすこやかに　55・112
ならび行き遅れがちなるわが父の老いたるみ面ひそかに仰げり　117
荷車に吾児《あこ》のせくれし山人もここの小みちに別れむとすも　79
にひばりの畑のそら豆はな咲きて楢山《ならやま》がくりうぐひす鳴《な》くも　17
ぬばたまの夜の海走る船の上に白きひつぎをいだきわが居り　46
ぬばたまのよるの雪原青白み雨ふりやまずわれひとり立つ　69
沼の香のにほひしみらに照りそよぐこの蘆原のよしきりの声　147
ねむの花匂ふ川びの夕あかり足音《あおと》つつましくあゆみ来らしも　34・161

喉ぶとの汽笛諸方《しよはう》に鳴れりけり懈《たゆ》さこらへて朝の飯《いひ》はむ　60
のびのびと朝の縁《えん》に立ち門畑の麦の芽にふる雨を見にけり　85
飲井戸の水替へにけりひとりして家守《いへも》る母のまさきくありこそ　155
乗りて来し船はしづかにぬれてをり夕の港に雨やまず降る　126

[は]

はかなかる逢ひなりながらほのぼのとなごりこひしき朴の木の花　91
墓原に咲けるれんげう木瓜《ぼけ》つばききしみの花も見るべかりけり　207
箱の底に枇杷の青葉をしきならべ枇杷の実つむるひとつひとつに　115
橋のかげすずしく映る水中《すゐちゆう》に白牛ひとつ立ちてうごかず　101
馬車おりて吾児の手をとり歩みけり沖つ風吹く崖の上の道　86
走りつつ仔牛《こうし》あそべり母ひとりこの家もりて働きています　137
蓮の花ひらく音すも宿りけむ天つ少女や朝たたすらし　13
芭蕉葉のしきりに折るる音すなり遅き朝餉をわが食み居れば　187
はだしにてひとり歩めりこの国の露けき地《つち》をいつかまた踏まむ　23
放ちたる弟はいつか夢に入りて螢光れり蟵《かや》の中にして　11

離れゐて草はみ遊ぶ馬の子のややに寄り添ふ親のかたへに　147
春浅み接骨木《にはとこ》の芽《め》のふくらみてさ青き見ればものの恋しも　51
春の雨ふりてしづけし瀬戸の海の水おぼろかにささ濁り見ゆ　70
春の夜のあらしは止みぬ水の上の鳥居の雫落ちてひびくも　36
日おもてに牛ひきいでて繋《つな》ぎたりこの鼻縄《はななは》の堅き手ざはり　95
光りつつたちまち消えし流れ星あかつきの海はいまだ暗しも　47
日盛りの街樹のかはをかじり居《を》る馬の歯白くあらはに光る　72
日ざかりのちまたを帰るひもじけど勤めを終へてただちに帰る　110
ひそひそになくや蟋蟀《こほろぎ》ひそかにはわが鋭心《とごころ》はにぶりはてしも　33
ひたごころ静かになりていねて居りおろそかにせし命なりけり　164
ひとり親《した》しく焚火して居り火のなかに松毬《まつかさ》が見ゆ燃ゆる松かさ　175
ひとり立つわが傘にふる雨の音野にみちひびく夜《よる》の雨のおと　68
ひとり身の心そぞろに思ひ立ちこの夜梅煮るさ夜更けにつつ　28・69
日のてる外を歩みきたりつしかすがに臥所《ふしど》に入りて息しづめ居り　53
日のぬくき小川のふちの草の上にわが児と二人蜜柑たべ居り　83
日の光あたたかければ外に出でて今日は歩めりしばらくのあひだ　176

日のひかり曇りて白し走れどもひた走れどもわが路白し　47
ひむがしの長狭細野の伝右衛門《でんゑむ》の古き厩に牛も馬もなし　200
昼ふかみさみだれやまずひとり来ていで湯も湯槽《ゆぶね》汲みかへにけり　127
ひろびろと夕さざ波の立つなべに死魚《しぎよ》かたよりて白く光れり　74
吹く風に椎の若葉の日のひかりうち乱りつつありがてなくに　23
富士が嶺を深くつつめる雨雲《あまぐも》ゆ雨はふるらしこの夜しづかに　41
二つ山三角標《さんかくへう》のもとに咲くすみれの花をまたたれか見む　193
太幹《ふとみき》の椿の根ろの青苔もさやにあらひて井戸は晒《さら》すも　153
冬日かげふかくさしたる山のみ寺の畳の上に坐りけるかも　184
冬日しづかに大川岸に泊りゐる舟の匂ひのあはれなりけり　189
降りしきる夕立の音を聞きゐたりなほすこやけき吾れにあらなくに　196
古家のひるの小床に寝て居れば足長蜂ひとつ飛びて来にけり　190
ふるさとに帰れるその夜わが庭の椎《しひ》の若葉に月おし照れり　20
ふるさとに父のいのちはあらなくに道に一夜《ひとよ》をやどりつるかも　132
ふるさとに父をおくりて朝早み両国橋をあゆみてかへる　116
ふる里に二夜眠れるこのあした雨しととしととふりいでにけり　84

ふるさとにわが一族にいま逢へる汝《な》が死顔のいまだうつくしも　49

ふるさとにわれは旅びと朝露につみて悲しき螢草の花　115

ふるさとの秋ふかみかも柿赤き山べ川のべわが眼には見ゆ　29

ふるさとの朝の海面《うみづら》ひかるなり茱萸の葉つみてひとり噛みゐる　106

ふる里の雨しづかなり母も吾《あ》も悲しきことは今日はかたらず　85

ふるさとの妹《いもうと》の子がけふこよひ嫁《とつ》ぐといへばわれは来にけり　198

ふるさとの海には来つれ一めんに真昼の光り白く悲しも　100

古里のここに眠れる吾子《あこ》が墓にその子の姉といまうでたり　82

ふるさとの春の夕べのなぎさみち牛ゐて牛の匂ひかなしも　97

ふるさとのまひるの道を一人行き埃《ほこり》まみれしわが足寂し　99・100

古里《ふるさと》を君もたしかに出でたりと思へるものをいまだ逢はぬに　24

雹まじり苗代小田にふる雨のゆゆしくいたく郷土《くに》をし思ほゆ　208

室の障子あけてもらひて春日さす高き梢をわれは見にけり　203

ほとほとに身の貧しさにありわびてわがふる里を思ふこと多し　65・104

ほのぼのと富士の山より明そめて三保の松原鶴鳴渡る　10

ま

まかがよふ光のなかにわがうから今日は相寄り茶を摘みにけり　135
まがなしみ人に恋ひつつこの春も暮れてすべなし村を出でがてに　18
まがなしむもののあまたにわかれけりひとりゆかむにわれは堪へぬに　91
まさきくて人も生きなむ沁みとほる海気《かいき》にひたり吾れはねむらむ　120
街の夜は更け爛れたりしかすがに庭の青葉の露にしめれる　43
街ゆけば芽立《めだち》の光りうらがなし人のたよりのつひに来らず　90
まづしくて老いたる妻が心よりこの大き牡丹もとめけらしも　157
貧しさに堪へつつおもふふるさとは柑類《かうるい》の花いまか咲くらむ　104
貧しさはかにもかくにも病める児を病院におき安しといはむ　55
祭りのびし街のまひるのものゆゆし大き家家おもて戸ざせる　111
ま夏日の潮入川《しほいりがは》の橋のかげ大き牛立てり水につかりて　100
真夏日のひき潮どきの泥の上にあなけうとくも群れゐる鼠　75
まひる日《ひ》にさいなまれつつ匂ひけりやや赤ばめる紫陽花のはな　72
厩内《まやぬち》に入るるただちに大き牛ふりかへりきて首のばしたり　103

密柑山にわが児ともなひ木の杪《うれ》に残る蜜柑をもぎてやるかも　83
みしみしと吾児《あこ》に蹠《あしうら》を踏ませけり朝起きしなの懈《たゆ》さ堪へなくに　60
みちみちて潮ざゐ寒し年久にこの川口の橋をわたりし　189
充《み》ちわたる空の青さを思ひつつかすかにわれはねむりけらしも　172
水垢《みづあか》の匂ひまがなし汲み汲みて井戸の底ひにおり立ちにけり　153
みづからが拾ひ分けたる米の石かずをかぞへてわが児は誇《ほこ》る　113
みなぎらふ光のなかに土ふみてわが歩み来ればわが子らみな来つ　206
見のかぎり芽ぶかむとする桑原の光どよもし風いでにけり　194
み墓べの今朝の静けさひとりゐるわれの心は定まりにけり　163
み冬つき春の来むかふ日の光かくて日に日に吾れは歩まむ　176
都大路人満《み》ち行けどみち行く人らいささかもわれにかかはりはなし　27
見るかぎり波さへ立たず桃の花匂ふ小島もいまは遠しも　71
みんなみの嶺岡山《みねをかやま》の焼くる火のこよひも赤く見えにけるかも　14・16・128
むらぎもの心うれしもこの庵《いほ》にわれは宿《とま》りて朝あけにけり　20
むらさきの夕かげふかき富士が嶺の直山膚《ひたやまはだ》をわがのぼり居り　40
村の山木高《こだか》く繁《しげ》くなりにけり父のはたらきしあとにやはあらぬ　133

群れゐつつ鵯《ひよどり》なけりほろほろとせんだんの実のこぼれけるかも　80
専らなる日本《やまと》の米の白き米けふは食《た》べつわが児の忌日《いみび》を　113
もの倦めば出でてわが立ちしこの河岸に寒き潮波みちうごきつつ　189
物おぞく鷺は群れ居り細長き木のことごとに鷺の巣の見ゆ　63
桃の花曇りの底にさにづらひわれのこころのあせりてもとな　53
桃の花くれなゐ曇りにほやかに寂しめる子の肌のかなしき　53
桃の花くれなゐ沈むしかすがにをとめのごとき女《をみな》なりけり　52
桃の花遠《とほ》に照る野に一人立ちいまは悲しも安く逢はなくに　52
もやもやし大野のみどり色に立ち黄なるが中に日の沈む見ゆ　29・170

や

養魚池のひでりの水のにごり波むれ浮ぶ魚のうろこの光　74
夜業終へ職人たちと酒を飲みおのがからだをそこなふなかれ　119
安らけきけふの一日《ひとひ》やわが家に三たびの食《しよく》を児らと共にする　125
やちまたの焦土《せうど》のほこりおぼほしく空をおほひて太陽は落つ　148
屋根すべる露の音こそかすかなれ今宵独り寝のゆかしきものを　59

山火事の火影《ほかげ》おぼろに宵《よひ》ふけて家居《いへゐ》かなしも妹《いも》に恋ひつつ　15
山峡《やまがひ》に道入らむとすかへり見れば海きららかに午後の日照れり　77
山のうへに入日あかあかとかがやけりわが祖《おや》たちは健かにありし　154
山の上に月は出でたり汝《な》が知れるかのよき歌をうたひつつ行かむ　79
山の町夕冷《ゆふひ》えはやしをみな子のになひ行く水みちに垂りつつ　128
山のみ寺に近づきぬらしたかだかと大き青杉日に照れり見ゆ　184
山原のほほけ茅花《つばな》のうちなびき乱るるが中にころぶしにけり　19
病よりわが起きしかば春のまひるの土に身をする鶏を見にけり　205
山へゆく村の小みちのいちじるくよくなれるだに父のしぬばゆ　133
山桃の暗緑の木ぬれ流らふる光りかなしき墓に立ちけり　83
山焼《やまやけ》の火《ほ》かげ明《あか》りてあたたかに曇るこの夜をわがひとり寝《ね》む　15
山行くとくぬぎの若葉萩若葉扱《こ》きつつもとな人わすらえず　18
山行くはわが身にあしと思へどもこのふる里の山の上の道　192
病みおもる思ひ救はれぬ桑原の芽ぶきあかるき土踏み行くも　195
闇ふかく鷺とびわたりたまゆらに影は見えけり星の下びに　63
闇をゆする浪のとどろきとどとしてわが胸痛し夜《よる》いまだ深し　132

病む侶《とも》を明日訪ひゆくとあづかれるしが俸金《ほうきん》は多からなくに 130
病める身を静かに持ちて亀井戸のみ墓のもとにひとり来にけり 162
雪つめる九十九谷に夕日てり蒼鷹ひとつ出でにけるかも 122
雪の上にぬばたまの夜の雨そそぐ代々木が原をもとほる吾れは 69
雪ふかき野の一つ家を出でし男きものはたきて藁ぼこりおとす 122
雪山のいただき低く翔る鷹の胸のひかりをいつくしく見し 123
雪山の八重山とよみ風たちて鷹はななめに下りけるかも 123
ゆく船のめてに生《あ》れたる島一つくれなゐにじみ桃咲けり見ゆ 70
ゆく水のすべて過ぎぬと思ひつつあはれふたたび相見つるかも 90
ゆくものは逝きてしづけしこの夕べ土用蜆の汁すひにけり 196
夕ぐれの浅川《あさがは》わたる牛の足音《あおと》さびしみにつつ鼻綱をひく 98
夕寒み牛に飲まする桶の湯に味噌をまぜつつ手にかきまはす 103
夕されば庭の木立に鳴きし蟬向うの丘にうつりてぞ鳴く 11
夕づきてそよぎ寂しき草原に寄り添ひ立てり馬の親子は 147
夕づく日赤くさしたる朴の木の広葉うごかし秋風吹くも 182
夕なぎさ子牛《こうし》に乳をのませ居《ゐ》る牛の額《ひたひ》のかがやけるかも 97

夕庭に若葉そよげりいとまあるこのいち日を家におくれる　125
夕日てる笹生《ささふ》がなかゆ子牛いで乳《ちち》のまむとす親《おや》牛はうごかず　97
よき友はかにもかくにも言《こと》絶《た》えて別れゐてだによろしきものを　163
よそほひのなりて出で立つわが姪をよき嫁なりとわれは思ふも　198
夜は深し燭を続《つ》ぐとて起きし子のほのかに冷えし肌のかなしさ　45・112・120
宵ながら道にいで立ち村人ら嫁をし見るらし提灯《ともしび》のかげに　199
宵宵にこゑまさりつつなく蛙このふるさとにいく夜わが寝し　190
代々木の草はら中の小さき池水青くして秋ふかみけり　64
夜《よる》おそく蛙なきたつ小田のみち提灯の灯のわかれゆくなり　190
夜寒く帰りて来ればわが妻ら明日《あす》焚かむ米の石ひろひ居《を》り　113

ら

雷雨すぎて街のこひしきに山の手の若葉がうへに月押してれり　208
蠟の火の焔《ほのほ》ゆらげば陰のありしみじみとしてひとり寝をする　58
蠟の火をほのかにともしねもごろにわがひとり寝《ぬ》るこの夜ふけつつ　58

わ

わが家の米買ふ銭を寂しくも父にせまりてわが得つるかも 117
わが家《いへ》の古井《ふるゐ》のうへの大き椿かぐろにひかり梅雨はれにけり 150
わが家はいまだは見えねいちじろく裏の椎森《しひもり》若葉せる見ゆ 21
わかぐさのツマグロヨコバヒいざなふと山田の神は灯火てらす 13
わが児よ父がうまれしこの国の海のひかりをしまし立ち見よ 78
わが子らとかくて今日歩む垣根みちぺんぺん草の花さきにけり 207
わが母の今日は出で立ち茶を摘《つ》むにわれもわが児も出でて摘みつつ 134
わが膝に今はいだけどたまきはる分《わ》けし命はほろびけるかも 47
わが待ちし秋は来りぬ三日月の光しづけくかがやけりけり 183
わがやまひいまだいえぬらしみちたぎちながるる水をみればかなしも 195
わが齢《よはひ》十五にならばよき馬を家に飼はむといひにし父はも 201
わが懶惰《らんだ》を悔いつつもとな父母の寂しきことはよく知るものを 117
別れては遙けきものか新芽立つちまたを一人今日も歩める 91
わくらばに吾《わ》れも弟《おとうと》もかへりきてこの古家《ふるいへ》に男の声す 137

わくらばにわれら肉親《にくしん》あひ寄りて幾日《いくひ》は過ぎぬ父あらぬ家に　134
忘れえぬあはれさならむここにしてかすかに塩を含む空気を　188
藁しぶに深くもぐれり豚の子の一匹にしてさびしかるらし　201
草鞋はきてまなこをあげぬ古家の軒の菖蒲に露は光れり　23
わりびきの朝の電車にのるところしかすがに光る夏帽子かな　60
わりびきの朝の電車にのるところ飛燕《ひえん》鳴くとも人知るべしや　60
吾からと別れを強《し》ひし心もてなにに寝らえぬ夜半のこほろぎ　32
井戸払ひすらくともしも一柄杓《ひとひしやく》まづ汲みあげてくちすすぐかも　152
をさなごの手をとり歩む道のへにみそさざい飛び日は暮れむとす　79
小櫃川《をびつがは》夕立ふりて濁る瀬のながるる泡を見るがすがしさ　180
をみなたち枇杷をつめ居り青葉かぜ明るき納屋に枇杷をつめ居り　115
をんなに我が逢ひし時かなし子のたらちねの母の乳は涸れにけり　46

『古泉千樫のうた百首鑑賞』

あとがき

古泉千樫が亡くなって九十年が過ぎた。しかし千樫の歌は現在も広く読まれており、評伝やその作品について詳しく鑑賞した著作も何冊か出されている。にもかかわらず私が本書を上梓しようと思ったのは、釈迢空（折口信夫）が「日本の短歌は、本質に従うて伸びると、千樫の歌になる」（「古泉千樫集追ひ書き」）と述べた千樫の歌に、さらに多くの人に親しんでもらいたいと思ったからである。

最近千樫の歌を読むたびに、この折口の発言の正しさを実感する。千樫の歌はそのやわらかな調べといい、潤いのある抒情質といい、短歌の持つ良質なものをすべて備えているのではないかとさえ思う。これから作歌を始める方には千樫の歌を是非熟読して頂きたいと思う所以である。

本書は千樫の約二千五百首に及ぶ膨大な歌群から特に私の心を引いた作品百首を選んで鑑賞したが、執筆するにあたり出来るだけ多くの歌に触れるように留意した。また橋本徳壽先生の『古泉千樫とその歌』、上田三四二氏の『鑑賞古泉千樫の秀歌』、北原由夫氏の『歌人古泉千樫』は特に参考にさせて頂いた。これらの労作に比して、私の鑑賞力の浅さと文章の拙さは被うべくもない。ただ房州の館山に住む私は、同じ安房の山間の村で生まれた千樫とは同郷であることから、千樫短歌の土壌とも言える房州の風土に具体的に触れながら鑑賞できたという点で、多少の新味は出せたのではないかと思っている。そして今改めて千樫の作品に与えた風土の影響の大きさを思う。温暖で豊かな自然に恵まれ、人と人との繋がりが濃密な房州の風土、これこそ千樫短歌の源泉なのである。

終わりに本書を出版するにあたり、万般お世話になった現代短歌社の真野少氏を始めスタッフの皆様に心より御礼申し上げる。

加茂信昭

平成三十年三月一日

著者略歴

加茂信昭（かも・のぶあき）

一九五一（昭和26）年千葉県に生まれる。一九七五（昭和50）年國學院大學文学部卒業。一九七六（昭和51）年「青垣」に入会し、橋本徳壽に師事。現在、「青垣」編集発行人、千樫会会長、現代歌人協会会員、日本歌人クラブ会員。歌集に『椎の葉かげ』『椎の若葉』。

古泉千樫のうた百首鑑賞

発行日　二〇一八年五月二十日

著　者　加茂信昭

〒二九四—〇〇五一
千葉県館山市正木一三六六—二

定　価　本体二〇〇〇円＋税

発行人　真野　少

発行所　現代短歌社

〒一七一—〇〇三一
東京都豊島区目白二—八—二
電話　〇三—六九〇三—一四〇〇

装　丁　かじたにデザイン

印　刷　日本ハイコム

ISBN978-4-86534-233-8 C0092 ¥2000E